東大キャリア教室で1年生に伝えている大切なこと

変化を生きる13の流儀

標葉靖子
岡本佳子
中村優希 編

東京大学出版会

13 Ways to Live Through Change:
Advice to First-Year Undergraduates
from the Career Education Course at the University of Tokyo

Seiko Shineha, Yoshiko Okamoto and
Yuki Nakamura, Editors
University of Tokyo Press, 2019
ISBN 978-4-13-053091-0

はじめに
INTRODUCTION

標葉 靖子 Seiko Shineha

これからの時代をどう生きるか

　テクノロジーの進化、グルーバル化、超高齢化といった変化が日本を含む世界各国の社会や経済を揺さぶり、これからの時代はますます複雑で不確実性の高い時代になっていくと言われています。社会環境が絶え間なく変化していく中では、これまで一般的とされてきた就業の形式や職業知識は、過去を映したステレオタイプに過ぎません。日本でも、高度成長期にできあがった終身雇用制が崩れつつあり、転職が一般化してきています。また、コンピューターや人工知能等の科学技術の発展に伴い、今後10年、20年の間になくなると予想されている職業や仕事がある一方で、今までにはなかった職業が次々と生まれています。個人個人の価値観も多様化し、もはや過去の誰かに有効だったキャリアの道筋や人生の選択は、今の私たちにも有効とは限りません。

　変化が激しい時代だからこそ、学生には、産官学民、文理、グローバル・ローカルといった既存の枠にとらわれず、柔軟にキャリアを考えてほしい——そのような考えのもと、東京大学教養学部附属教養教育高度化機構が開講している学部1、2年生向けのキャリア授業が、本書のもととなる「教養学部生のためのキャリア教室：これからの時代をどう生きるか」（以下、キャリア教室という）です。

変化が激しい時代だからこそ、基盤となる教養を
──レイト・スペシャリゼーション

　日本の多くの大学では入学時に学生が所属する専門学部・学科が決まっています。一方で、東京大学に入学した学生は、全員がまず教養学部前期課程学生（1、2年生）として、狭い専門性にとらわれず、文理を横断する広い知的視野の獲得を目指すリベラルアーツ教育を受けた後、後期課程（3、4年生）における自分の進むべき専門分野の学部・学科などを選択します（進学選択制度[1]）。この方式は「レイト・スペシャリゼーション（late specialization: 遅い専門化）」として、東京大学の大きな特徴のひとつとなっています。

　変化が乏しく安定した社会では、効率的な知の分業という観点から、早くから専門領域に特化して学ぶことに一定の合理性があります。しかしながら、複雑で不確実性の高い社会においては、細分化された学問分野の特化した専門知識・スキルだけでなく、物事を多面的に、また俯瞰的にとらえ、既存の枠にとらわれずに発想していくことが求められます。そうした自由な発想を可能にするものは、結局のところ、断片的な既知の事物や事象を互いに関係づけ、新たな関係性を見出す力であり、またその基盤となる、知の奥行きや広がりなのではないでしょうか。東京大学の「レイト・スペシャリゼーション」は、分野を超えて学び、視野を広げた結果として、学生が主体的に専門分野を選択できるようにするためのシステムなのです。

東大生だって悩んでる

　せっかく「レイト・スペシャリゼーション」のシステムがあっても、単に

---

1. 学生本人の希望と前期課程の成績（1〜2年生の途中まで）、一部で志望理由や面接によって3年生で進学する専門学部・学科が決まる。以前は「進学振分け」（通称「進振り」）と呼ばれる制度だったが、2017（平成29）年度進学者から現行の「進学選択」制度が適用されている。

難易度が高いところ＝目指すべき分野だとか、良い成績を取るために高い点が取りやすい科目だけを選択するとか、そうした理由で学生が学修する科目や進路（学部・学科）を選んでしまっていては意味がありません。そこで東京大学教養学部では「アーリー・エクスポージャー（Early Exposure: 早い段階で多様な専門知に接すること）」にも力をいれています。本書のもととなっているキャリア教室も、そうしたアーリー・エクスポージャーの一貫として開講している科目群のひとつで、授業では、国内外で活躍する各界の方をゲストスピーカーに迎え、それぞれのキャリアや、これからの時代をどう生きるかについてのご自身の考え方などを語っていただいています。

キャリア教室では、受講者の多くが進学選択前の1年生ということから「どのように学部や職業を選択したのか？」や「大学の学部で学んだことが仕事にどう生かされていくのかを知りたい」といったことに質問が集中します。この背景には、「大学での学びは、将来の進路に即して着実に設計するべきなのではないか」という学生の悩みが隠れています。しかしながら、自分の興味、適性、能力、周囲の環境などを合理的に分析すれば、目指すべき最終ゴールやそこへ至るステップアップの道筋が明確になるのでしょうか。そのための方法を教えることが、私たち教員がすべきキャリア教育なのでしょうか。私たちは「そうではない」と考えています。もちろん、キャリアの計画を立てることそのものを否定しているわけではありません。ただ、18、19歳の時点での学部選択によって将来が決まるわけでもなければ、「就職」が大学生活のただひとつのゴールというわけでもありません。

あるべき姿が見えないと悩む学生に、先輩方はどのように選択し学び続けているのか、その等身大のケーススタディをできるだけ多く知ってもらいたい——それが私たちがキャリア教室に込めた思いです。

「キャリア教室」という授業名から、ある種の「答え」を期待してガイダンスに参加した東大生に、「この授業の目的は『答え』を示すことではありません」とはっきりと告げています。その上で、多様なキャリアに触れることが、主体的な学修の一助となることを期待した授業であると伝えています。

自分のキャリアは自分のもの
―― さあ、一歩を踏み出そう！

　どのようなキャリアを選び、歩んでいくかは人それぞれです。そこに決められた「正解」などありません。だからこそ、授業では、できる限り多様なキャリアの築き方に対する考え方やものの見方を提示できるよう、既存の枠にとらわれずに様々な領域で活躍されている方々にご登壇いただきました。本書は、そうした2015年度から2017年度の3年間の講義の中から、13名の講師を選び、キャリアとの向き合い方に関するメッセージ別に4章に分けて構成しています。登場する13名の先輩のそれぞれのキャリアの築き方は、好きなことをとことん追求する、大組織の強みを生かす、悩みながら試行錯誤する、など多岐に渡っています。各界の（ともすれば一風変わった経歴を持った）13名による多様なキャリア談義は、「そんな選択肢もあるのか」と、キャリアについて柔軟で豊かなイメージをもたらしてくれるはずです。

　また本書を読み進めていくと、13名の皆さんそれぞれがキャリアを築いていく中で、予測不可能な出来事を含む様々な変化に対して、それぞれの方法で柔軟に対応されていることが分かります。そこから、近視眼的なとらわれから自由になるための、今日的な「教養」の在り方が見えてくる――それが本書に通底する重要なテーマとなっています。

　本書が、高校や大学でキャリア教育に携わる方々だけでなく、高校生や大学生が「大学受験」の先にあるものについて考え、主体的に自分の人生を生きるための一歩を踏み出すヒントになれば幸いです。

目次

CONTENTS	PAGE
はじめに	i

CHAPTER I 「好き」をとことん追いかける
——ビビっときたら突き進もう 1

とにかく人生を楽しもう、学びは後からついてくる　北川拓也 3

研究者への道 —— 飛び込むことで広がる世界　安藤康伸 17

目の前のことを全力で取り組め　丸 幸弘 33

ひとつひとつの選択と真摯に向き合う　中村優希 47

COLUMN　CAREER WORKSHOP Part 1　未来の仕事を創り出せ！
キャリア学習ゲーム ジョブスタ Create your star job　福山佑樹 63

CHAPTER II 社会の基盤をつくる
——環境を生かしてやりたいことを実現する 69

世界を回る国境なきエンジニア　八木田寛之 71

日本人が国際機関で働くこと　村上由美子 85

価値観と向き合うキャリア設計　神田哲也 99

投融資で開発を支援する —— 開発援助機関という選択　小川亮 115

COLUMN　CAREER WORKSHOP Part 2
自分を知ろう！　東京大学キャリアサポート室 129

CONTENTS　　　　　　　　　　　　　　　　　　　　　　　　　　　　PAGE

CHAPTER III　試行錯誤しながら進む
──先のことは誰にもわからない　　　　　　　　　　　　133

道は、振り返ったらできている　山崎繭加　　　　　　　135

悩みのキーワード　金子広明　　　　　　　　　　　　　149

仕事はいかに「ワクワク」するかで選ぼう　井﨑武士　　163

世界観をつくるデザイナー　中村勇吾　　　　　　　　　177

COLUMN　本授業の背景にあるキャリア理論
キャリアの築き方に正解はない　　　　　　　　　　　　189
──クランボルツ「計画された偶然性」　標葉靖子

CHAPTER IV　教養のススメ
──〈役に立つ〉を超えて　　　　　　　　　　　　　　193

人生、大学を出てからのほうが長い　小林傳司　　　　　195

編集後記に代えて　　　　　　　　　　　　　　　　　219
教養学部生のためのキャリア教室で私たちが伝えたかったこと

謝辞　　　　　　　　　　　　　　　　　　　　　　　227

CHAPTER I

「好き」をとことん追いかける
―― ビビっときたら突き進もう

「他人の考えに溺れるあまり、自分の中の声がかき消されてはいけない。何より大事なのは、自分の心と直感に従う勇気を持つこと。心や直感は、自分が本当は何をしたいのかを既に知っているはず。ほかのことは二の次で構わない」
（スティーブ・ジョブズ、スタンフォード大学卒業式でのゲストスピーチより、2005年）

好きなことを仕事にできたらいいけれど、人生そんなに甘くない。と感じている方は少なくないのではないでしょうか。本章では、自分の中の「声」や「直感」を信じて、好きなことを仕事にするために努力を重ねてきた先輩方のお話をまとめています。

　ハーバード大学で物理学を学び、楽天株式会社で最年少の執行役員として活躍されている北川拓也氏は、これまでにどのようなことを考えてキャリアを切り拓いてきたかについて語ってくださいました。「とにかく人生を楽しむ」ために努力を惜しまない北川氏のお話に、多くの学生が感化されていました。

　研究者としての道を邁進されている安藤康伸氏は、研究室でひたすら実験をしているというイメージを持たれがちな研究者が実際にはどのようなことをしているのか、ご自身の体験も交えて教えてくださいました。「自分が満足できない仕事は人を満足させられない」と言う安藤氏の言葉に、学生も考えさせられていました。

　丸幸弘氏は、博士課程在学中に学生だけで株式会社リバネスを設立され、数々のベンチャー企業の立ち上げに精力的に携わられています。「自分に合った何かを探すには、目標をつくって必ず全力でやらなきゃいけない」と熱くお話しくださった丸氏の言葉に、学生も勇気付けられていました。

　思春期を米国で過ごしてきた筆者（中村）は、どのように海外で化学に惹かれ、教育と研究の両者に従事できるアカデミアの仕事にめぐり会ったのかについてご紹介しました。「自分のアイデアをインプットすることで変化をもたらせる環境へ行って活躍してほしい」というメッセージに、学生も興味を持って耳を傾けてくれていました。

　自分が何を好きなのか、何をしている時にやりがいを感じるのか。その答えは、ほかの誰でもなく自分にしかわかりません。「これだ」と思った道を突き進んでいる4人のお話を参考に、皆さんにも自分の「好き」と向き合ってみてほしいと思います。（中村 優希）

CHAPTER I 「好き」をとことん追いかける

とにかく人生を楽しもう、
　　学びは後からついてくる

2016.10.14 LECTURE

北川　拓也
Takuya KITAGAWA

楽天株式会社 執行役員（講演当時）／
CDO（チーフデータオフィサー）／
グローバルデータ統括部 ディレクター

PROFILE　ハーバード大学を卒業後、同大学院物理学科で博士課程を修了し、理論物理学者として20本以上の論文を出版。楽天株式会社でデータサイエンスの組織を立ち上げ、現在CDO（チーフデータオフィサー）としてグループ全体のデータ戦略と実行を担い、インドやアメリカを含む海外拠点の組織も統括。データ基盤作りや科学的な理解に基づく顧客体験の提供、データによるビジネスイノベーションなどを推進している。

研究者を経て企業の執行役員をしています

　僕の自己紹介をさせてもらいます。僕は関西の出身で灘中、灘高を卒業後、ハーバード大学に入って物理学を専攻していました。その後は理論物理をやって量子コンピューターに関する論文をたくさん書いていました。僕は理論家だったので、理論で「こんな世界があるよ」と提案し、それを別の人が、その世界を実験を通じて証明するという流れです。そういった論文が、『ネイチャー』とか『サイエンス』という国際学術雑誌に載りました。その後、もともとビジネスの分野に入るつもりはまったくなかったのですが、楽天に入社することになって、今は執行役員をやらせてもらっています。CDO（チーフデータオフィサー）といって全社のデータの責任者として、特に「EC（電子商取引）カンパニー」といわれるインターネットショッピングなどを担当している部門でデータ戦略を推進しています。

「学ぶ」とは、自分の行動が変容すること

　今日お話をするにあたり、このキャリア講座の中で何を学んで帰ったら皆さんにとって最も価値があるのかと考えていました。僕も大学院に行って博士課程まで修めているので、学ぶとはどういうことなのかを考えた時期があります。最終的に行き着いたのが、学ぶということは「自分の行動が変容することである」ということです。皆さんの行動が変わらなかったら、その学びはまったく役に立ちません。皆さんが意思決定を変えたり、生き方を変えたり、問題の解き方を変えてみたり、それまでのやり方を変えることで初めて行動は変わるものです。

　ただ人間とは頑固なものなので、特に年をとると自分の意思決定の仕方や考え方はあまり変わらなくなってきます。ですから脳髄反射的に、感情的なレベルで感じ方を変えなければ学びにはつながらない。つまり自分の行動が変わるということは、何かが起こった時にそれに対する感じ方が変わるということです。それこそが学びだと思います。

日々学ぶ上で、この学びは自分の行動を何か変えたのだろうかを考える。変えてなかったとしたら、この学びは意味がない。意味のない学びは全部やめたほうがいいと思います。先生には申し訳ないですけれども、そういう授業は受けなくていいかもしれない（笑）。それくらい極端に僕は考えて生きてきました。ですが、先生が一生懸命準備した授業なので学べることは絶対にあるはずで、逆転の発想で言えば、せっかく学校に来て学んでいるのだから、自分の行動をどう変えることができるのか、と考えて授業を受けると良いのではないかと思います。

　よく言われる名言に、「愚者は経験に学び、賢者は歴史に学ぶ」（オットー・フォン・ビスマルク）というものがあります。経験があると失敗したらいやだなと思うし、良いことがあったらうれしいと思う。経験は簡単に感情を動かしてくれます。だから、そこから学ぶことは簡単です。ただ賢者は人の体験を聞いたり、本を読んだりするだけで、自分の感情を動かすことができる。これがこの言葉の本当の意味だと思っています。つまり、結局は「想像力」が大切だということです。僕の話を聞いて本当に学ぶためには、私だったらどう考えるだろう、と思ってもらうことがベストです。ぜひそういった感じで想像力を膨らませて、皆さんの感情を動かしていただけたら有意義な時間を過ごせるのではないかと思います。

大局から人生を俯瞰してみる

　学生時代の話をしていきます。いきなりハーバードに行って英語はどうだったか。皆さん英語は絶対にやったほうが良いと思うのでおすすめします。僕は中学生になるまでABCが分かりませんでした。あの記号がよく分からなくて、なんか難しいよねと思っていました。当然のように灘に入ってからも追試を受けることが多くて、記憶力も良くなかったので、覚えるのも嫌いだし、無理だと思いました。英語は苦手でやる気もなかったのですが、ちょうどWindows95などのパソコンが出てきた時期で、孫正義さんとかビル・ゲイツはすごいなと思っていました。ビル・ゲイツの伝記[1]を読んだ時に、正直日本は終わったなと思って、アメリカに全部持って行かれるのではない

かという感じが少しありました。

　そうして、中学生の頃に、「日本、終わってるわ」と思って、ずっと考えました。「日本終わってるし、僕英語できないし、どうやって生きていこう」と少し不安になって、ただ英語を覚えるのは本当に嫌だったので、最終的に行くしかないなと思いました。行ってしゃべったらしゃべれるようになるだろうからそれでいいかなと思って、取りあえず行こうと決めたのが中学3年生の時でした。そして、高校1年生の時に交換留学でアメリカへ留学しました。

　中学3年生の当時、僕はテニス部のキャプテンをやっていました。ある日なぜテニスをやるのかと思い、テニスで食っていくためかもしれないからプロになろうと思って、でもとてもじゃないけれどもそんな実力じゃなくて「僕はテニスをやってても意味ない」と3年目に気付き、その場で先生に電話して「先生、僕辞めます」って言いました。キャプテンだったんですけれどいきなり辞めました。僕の中ではストーリーがあったのですが、先生からすればよく分からなかったらしいです。それでも、とにかく辞めさせてくれて、そこから留学しようと思って留学しました。僕はそんな思春期を送っていました。

　今の自分に言い聞かせる言葉でもあるのですが、大局から人生を俯瞰して考えることが大事だなとその時思いました。僕が読んだ大局というのは、どう見ても世の中の経済の中心とテクノロジーの中心はアメリカにあるということです。ビル・ゲイツはもちろん、孫さんもアメリカの大学を卒業して向こうで活躍した人なんだということを知って、そもそも世界の中心は日本じゃないというのを明確に理解して、世界の中心に行かなきゃならないなと。皆さんもぜひ大局を捉えて人生設計をしていただくのがいいのではないかと思っています。

---

1. ウォレス, J.・エリクソン, J.（著）／奥野卓司・SE 編集部（訳）（1992）『ビル・ゲイツ——巨大ソフトウェア帝国を築いた男』、翔泳社。

楽しむには、才能がいる

　同時に、当時は日本の学校に行っていたわけですが、そこまで極端な考え方をしていたので「学校、意味ないな」と思っていました。受験もしたくないなという強い思いがあって、本気で学校を辞めようと思っていた時期もあったのですがもう少し考えました。学校を辞めてもいいけれど実はやることもない。いろいろ考えた結果、思い付いたのが、今を楽しまないと損だなということでした。

　今を楽しむということを究極的に突き詰めてみたところ、その時受けていた授業を楽しめるかどうかが、僕の今の人生の勝負なのじゃないかと考え直しました。ちょっと楽しんでみようと思って、物理の授業とか数学の授業とかそれぞれをひとつひとつ、何でこれが楽しいのか考えてみたんです。

　その時に思ったのが、どんな教科でもその教科のプロの人がいるわけです。物理の研究者とか、化学の先生とか、そういう先生がたくさんいる。先生たちはすごくうれしそうにその分野の話をしてくれます。ということは、絶対そこに面白いことがあるんだと。面白いことがあるにもかかわらず分からない自分はすごく損だなと考えました。じゃあ、僕が今やりたいのは、世の中の人すべての、その人が今最も楽しいと思っていることを全部知り尽くすことができたら、僕の人生はバラ色だと思いました。

　そこで、先生に直接聞くわけです。授業中に手を挙げて、「これの何が面白いんですか」とよくやりました（笑）。うちの化学の先生は親切にいろいろ教えてくれ、本もくれて、それを一生懸命読んだら結構面白くて。だから高校の頃は化学をずっと勉強していました。化学オリンピックも出たことがあります。ただ、失敗したのは国語の先生です。国語の先生は俳句が好きな先生で、手を挙げて「（俳句の）何が面白いんですか」と言ったら傷つけてしまったのか、ちゃんと返事をもらえなかった。その時に僕が学んだのは、あまり先生に詰め寄ってはいけないなと（笑）。

　うまくいった教科もあれば、うまくいかなかった教科もありましたが、その時に改めて学んだのは、楽しもうと思ったら大体何でも楽しいなというこ

とでした。楽しむためには圧倒的に自分の才能が必要です。楽しむ才能というのはすごく大事です。皆さんの中で興奮する出来事があればあるほど、皆さんの才能は豊かだと僕は思います。いるじゃないですか、人生で何か知らないけれど楽しそうな人って。そういう人は楽しむすべを知っているのです。なので、皆さんもそういう人の楽しみ方を学んだら、人生結構楽しくなります。人間の時間の過ごし方って、皆が思っているほど同じじゃない。朝起きて何をするかというのも皆全然違って、それが少し違うだけで、実は人生の楽しさが違ったりする。今という瞬間に真剣に、そして貪欲に向かうことは大事なんじゃないかと思います。

留学先での何者でもない自分からのスタート

　ハーバード時代に一番大変だったのは英語がよく分からないことでした。ABCが分からないぐらいだから分かるわけがない。IQというのは、言語能力と計算能力でできているので、言語能力が半分ぐらいを占めるんですね。ということは、英語が分からないとやはり対等な扱いは受けない。僕の周りは皆良い人だったので、友だちとして接してくれましたけれども、話していたら、明らかに下に見ているなと感じることもありました。ハーバード生の中には、相手にもしてくれない人もかなりいて、友だちの作り方も分からないし、本当に大変でした。

　灘は男子校でしたし、おそらく皆さんと同じで、大学生になったら華やかで楽しい大学生活を送りたいなと思っていたのですが、正直英語がしゃべれないと誰もしゃべってくれないし。せっかくハーバードに入ったのだからいろいろなことをやってみようと思っていたのに、でも結局何をしていいか分からないから、取りあえず勉強しようと思って物理をやっていました。僕が物理専攻になったのは、物理が大好きだったからというよりは、どちらかというと現実逃避に近い感じでした。それでも、おかげさまで物理の楽しさは人一倍知ることができました。

　当時物理しかやっていなかったものの、高校の同級生が東大にいたこともあって、ハーバードにHCAP（エイチキャップ、Harvard College in Asia

Program）というプログラムの東京オフィスの立ち上げをしました。今、東大で学生が、ハーバードと交流するというプログラムでやっていると思います。それを立ち上げたのが僕と友だちです。当時、僕の友だちがHCAPの代表になったので、東京に行きたいと。アジア・プログラムと言っているわりに中国やインドはあるけれど日本がないので、「経済大国の日本がないのはおかしい。北川、何とかしろ」と、日本人だからという理由だけで頼まれて、東大の友だちに連絡を取ったら、ちょっとやってみるという話になり東京オフィスを作ることになりました。大学2年生の時です。いろいろやって結局立ち上がって、今年（2016年）で12年目です。皆さんも、これからいろいろなことに挑戦する機会、いろいろな人と出会う機会があると思うので、そのひとつひとつを大事にすることが重要だと思います。

　この時に僕が学んだのは、真っさらから始めることを楽しむということです。高校生にもなると自我というものが芽生えていまして、自分とは何者かというのがある程度あるわけです。その中でいきなり知り合いが誰もいないハーバードに行って生活を始めた。行く前はそのことを何も思っていなくて、行ってから気付きました。「友だちがおらんわ」となって、当時言語をしゃべれないから「どうやって生活するんだろう」と結構苦労しました。この経験は今でも生きていて、何者でもない自分、自分が誰にも知られていない状況からスタートすることがまったく怖くなくなりました。のちに僕が楽天に入った時も、また真っさらから始めるということをむしろ好き好んでやるような状態でした。更地に自分の絵を描くのをもう一回やり直すというのは、実は楽しみだということを学びました。

研究から得た、アイデアの進め方

　その後、大学院に入り理論物理をやっていました。せっかくなので理論物理の話もしたいと思います。2016年にノーベル物理学賞を受賞したダンカン・ハルデーン氏は、私の研究に近い分野の先生です。物性物理といわれる分野で、物の性質を明らかにして物理を駆使していろいろなものを作る分野です。特に物理学者は躍起になって超伝導物質という、まったく抵抗なしに

電流を流すことのできる物質を開発しています。ですが実用化に至るようなものは見つかっていません。超伝導物質が見つかれば、世界で何百兆円規模のビジネスチャンスが生まれます。

超伝導物質は、量子力学的な、非常に小さなスケールでしか起こらない物の性質を利用して作られます。異常な環境、例えば、非常に温度が低いとか、非常に磁力の強い中でしか発生しません。超電導に密接に関連する現象に量子ホール効果がありますが、それも非常に強い磁場の中でないと効果が現れないと言われていました。ハルデーン先生は磁場がなくても量子ホール効果が観測できることを理論的に証明しました。しかし、ハルデーン先生が提案したモデルはあまりにも難しく、理論的にしか存在しないとされていました。

そこで僕が提案したのは、グラフェンと呼ばれる格子状のカーボン（炭素）原子が組み合わさった1層の物質に対して円偏光という特定の光を当てると、ハルデーン先生の言っていたモデルがある条件下で発動するということです。ハルデーン先生が言った物性は、平衡状態、つまり落ち着いた状態でしか普通は考えられなかったのですが、僕の論文のポイントは動的な状態、非平衡状態で実現するのが可能だというところでした。それを提案した論文はのちにいろいろ証明されて2〜3年前に『ネイチャー』や『サイエンス』に発表され、実際にそういうことが起こり得るということがだんだん見つかってきています。これを国際学会で発表した時はハルデーン先生がわざわざ聞きに来てくれて、非常に素晴らしいアイデアだねという感じでほめてくださったのを覚えています。

論文を書いている時に僕が何を学んだのかというと、アイデアは突き詰めて考えていかないと分からないということです。というのも基礎研究の世界というのは競争が激しくて、ちょっとアイデアを思い付いて先生に話しても、「それはこの論文に書いてある」と必ず言われます。僕もそういうことがよくありました。いろいろアイデアを思い付いて、「これどうですか」と言うと、「それはここに書いてある」という感じです。そんなこと言っていたら何もできないと苛立ってしまって、もう気にしないことにしました。理論物理をやる上でアイデアの類似性というのはあまり関係ない。前人が何をやっているかではなく、その中心に何の価値があるかということを見極めて、行

くところまで行けば、最後にはそのアイデアはもとのアイデアとだいぶ違ったアイデアになっていることが多いのです。

よくビジネスで、あるアイデアに対して「そんなに価値はない」と言われるのは、最初の取り掛かりのアイデアは似たような発想がすごく多いからです。ただみんな違う人生を歩んでいるので、考え方が違うはずです。アイデアというのは出てから1歩2歩3歩とどんどん進めていくうちに進化します。最初は同じアイデアでも、結局10歩進めた後のアイデアが違えばそれでいいわけです。ですから皆さん、アイデアをお持ちの瞬間はゼロ歩のアイデアなので、そこであきらめたら基本的にみんなと同じアイデアしか思い付きません。それを10歩先に連れて行った後に、きっと違うアイデアになっているはずです。

データ分析のはじまり

ここからは理論物理学者であった僕がなぜ楽天でデータ戦略の責任者をしているのかをお話しします。

まずはどんなデータとの出会いがあったのかという話をします。僕のデータの入口は、石川善樹[2]さんと西内啓[3]さんのお二人との交流に始まっています。善樹さんは予防医学者として、啓さんは『統計学が最強の学問である』という本を出すなど活躍されています。この2人とは完全に腐れ縁でして、この2人と何をしていたかというと、基本的にハーバードで3人とも僕の家に集まってひたすらダラダラしていました。その時僕は任天堂のWiiを持っていたので、みんなでゲームをしながら話をするという日々を送っていました。

当時、ツイッターがアメリカで盛り上がってきていたのですが、統計学者

---

2. 石川 善樹（いしかわ よしき、1981-）予防医学研究者。著書に『疲れない脳をつくる生活習慣――働く人のためのマインドフルネス講座』など。
3. 西内 啓（にしうち ひろむ、1981-）統計家。著書に『統計学が日本を救う』、『統計学が最強の学問である』など。

の啓さんは、フォロワーを集めるのが天才的にうまかった。普通個人のツイッターのフォロワーは多くて1000とか2000だと思いますが、彼の当時のフォロワーの数は50万とかでした。すごい数で、どうやったんですかという話になりました。啓さんは「フォロワーなんてこうやって、こうやれば集まるよ」という感じで理論的に理解されていて、僕と善樹さんはそれにすごく感銘を受けました。僕と彼は同じぐらいのフォロワーの人数だったので、「拓也、勝負しよう」という話になって、そこから1ヵ月ぐらいゲームをしながら隙を見てはツイートし、ひたすらフォロワーを増やすという競争をしていた時期がありました。

　その時に僕らは、噂や面白い話がソーシャルネットワーク上でどうやって広がるのだろうというのを考え、話していました。一応みんなサイエンティストなので、啓さんにアドバイスをもらいながら、噂ってどうやって広まるのか、バズってどうやってできるのか、ああでもないこうでもないと。

　当時、理論物理学者の中でネットワーク理論というのが流行っていました。物性物理は物の性質を調べる話ですが、物の物質は基本的に規則的な原子の並びによってできています。格子構造があって、理論物理学者はその上で電子が走るのを計算するというのが基本的な仕事ですから、格子構造については非常に詳しいわけです。一方で人のネットワークやツイッターのフォロワーのネットワークというのは、ランダムネットワークといって、それが規則的には並んでいないというのがポイントです。規則的に並んでいないネットワーク上で情報がどう行き交うのか、人のネットワークで病気がどういうふうに感染していくかというのも同じような問題に落とすことができます。理論物理学者はそうした問題をネットワーク理論という分野で研究しています。僕も物理学者だったので、関連する論文をひたすら読んで、どうやってツイッターのフォロワーを増やそうかと考えました。結局、これはデータを集めなければいけないとなって、ツイッターのAPI（Application Programming Interface）を使って自分のフォロワーが誰なのか、自分のツイートが誰にツイートされたのかをデータで集めて分析を始めたのが僕のデータ分析のはじまりでした。ひたすらフォロワーを増やしたいという欲望からデータ分析に入ったわけです。

ビッグデータは面白い

　理論物理学者だった僕がなぜビッグデータが面白いと思ったかという理由はいくつかあるのですが、その内のひとつをお話ししたいと思います。

　科学者からすれば偉大な発見の前にはきっかけとなる新しい世界の観測の仕方があるというのが一般的な理解です。例えば、顕微鏡の発明は細胞の観察ができるようになって、それが発展して、ウイルスなどが見えるようになりました。更にそれが、良薬の分野を切り拓くことになっています。それまではウイルスが病気の原因になっていると分からなくて、見ることもできなかったので、何か知らないけれども病気になるという感じでした。しかし、見ることができた瞬間に一気に、それを対処できる薬を作ってみようという話になりました。こうして新しい観測方法は新しい分野を生み出す。科学では同じような話がたくさんあると思いますが、新しい観測方法ができるということは世の中の理解を促進することであり、まったく新しい発見をする可能性があるということです。

　そこで、僕が先ほどのツイッターのデータなどのビッグデータを見て思ったのは、人間に関するまったく新しいデータ、人がどのようなものを買っているか、どのような行動をネット上でしているかとか、そういうのはあまり今まで見たことがない人が多いなということでした。皆さんもそういうデータをあまり見たことないですよね。東大の先生や経済学の先生も、個人情報なので実はそういったデータをあまり見たことがありません。でも、それがネットの世界になった瞬間に急に集まるようになって、皆さんがどういうことをしているか分かるようになってしまいました。新しい観測の仕方が出てきたのです。

　それならば、次に人間に対するまったく新しい理解という革命が起こるはずだなと思いました。これは間違いないと思っています。今こうしたデータは企業の中にしかないので、革命が起こる速度は少し遅いと思います。ただ、この5〜10年以内にビッグデータを使ってノーベル経済学賞を取る学者が必ず出てくると思います。ノーベル賞を取るのが目的ではありませんが、人

間に対する新しい理解は、間違いなくこの5年で生まれるというのが僕の考えです。

僕は今、楽天でデータ戦略の責任者をしています。具体的には、ミクロ経済とマクロ経済のつながりを、ビッグデータを分析することで明らかにしようという研究をしています。個人の意思決定を理解するのがミクロ経済で、GDPがどう生まれるのかを理解するのがマクロ経済です。経済学ではこの2つが別々に論じられていて、人の意思決定がどうGDPを生み出すのかというのがまったく理解されていません。経済学が、ビジネスや国を豊かにするという観点で大きなインパクトを持ち得なかったのはそのためだと思います。日本経済が持ち直すために何をしたらいいのかについてもよく分かっていない状況です。

ミクロ経済とマクロ経済をつなぐデータを持っているのは、楽天や、アマゾン、ヤフーのようなインターネット企業だけですから、そこでしかできない学問が間違いなくあります。学問的なバックグラウンドを持った僕がなぜ楽天に入ったのかというのは、このような理由があるからだと思います。

成功するための4つの心がけ

最後に、科学的に証明されているという成功要因について4つ紹介したいと思います。

まず大事だといわれるのが、成長志向（Growth mindset）です。一言で言うと、「自分は成長できるんだ」という信念です。小さい時からこうだったからとか、親がこうだから、という人がいますが、そうやって信じ込むことはあまり良くない。自分は今からでも良くなれるんだというのを信じ込んだほうが、人というのはいいんだよというのが科学的に知られています[4]。

もう1個はセルフ・エフィカシー（Self-efficacy）、「自己効力」です[5]。これも似たようなもので、自分はうまくやることができるのだという自信です。

---

4. ドゥエック, C.（著）／今西康子（訳）（2016）『マインドセット「やればできる!」の研究』、草思社。

セルフ・エフィカシーは特に日本において大事だと思っています。自信がないためにできないことはたくさんあります。

次にグリット（Grit）という考え方。「根気強さ、やり抜く力」です。『やり抜く力』という本[6]が出ていますのでぜひ読んでください。自分の才能やセンスの良さというものはそれほど大事ではない。結局最後までやり切る力が成功するか否かの違いとして大きな違いがあるのだという話です。僕はあまりあきらめるということを知らない人間なので、グリットを持っていない状況が良く分からないのですが、しつこく粘ることは大事です。

最後にこれは大学生にとっても非常に大事だと思いますが、バルネラビリティ（Vulnerability）という言葉です。僕が訳すとすれば、「傷付くことを恐れない強さ」という感じです。これを持つのは難しいことです。なぜなら傷付くことを恐れないということは、傷付いてもいいんだと思うことなので、それは相当な自信がなければできないことだからです。傷付いてもいいというのは圧倒的な強さです。自分という人間、存在に対してすごく自信があるからこそ持てるのがバルネラビリティです。とはいえ、自信があることと傷付くことは関係ないので、同時に傷付きます。その傷付くことを受け入れてさらにそれから学べるというのは、成功する上ですごく大事だと言われています。

僕は今、現場と経営の間の立場にあります。メンバーも80人いて、いろいろな視点から見られた上で、現場からも会社からも意見をもらうので、結構大変です。どうしても防衛本能が働いてしまうので、そうじゃないと思いたい気持ちはあるのですが、何を言われても正直に傷付くことができるというのはその後の成長にとても大事なことだと思います。この点に関しては、僕は批判されると嫌な気持ちになる人なので、後天的に自分で学ばなければいけなかった。大人になってからこれを学ぶのは苦労しますね。

---

5. ある目標や課題に対して、適切な行動を遂行して課題達成が成功するだろう、と自己能力の評価を行うこと。心理学者のアルバート・バンデューラが提唱。
6. ダックワース，A.（著）／神崎朗子（訳）（2016）『やり抜く力 GRIT（グリット）——人生のあらゆる成功を決める「究極の能力」を身につける』、ダイヤモンド社。

いずれにせよ、自分は成長できるのだという信念（成長志向）、自分はうまくやることができるのだという自信（セルフ・エフィカシー）、根気強さ・やり抜く力（グリット）、傷付くことを恐れない強さ（バルネラビリティ）を持つことが大事です。これらすべてをもともと備えているという人はいないと思うので、どれかを後天的に学ぶ必要がある。そのためにも、とにかく人生を楽しもうと心がけていてほしいと思います。そうすると学びは後からついてきます。

追記
　筆者は 2019 年 1 月より常務執行役員。

CHAPTER I 「好き」をとことん追いかける

研究者への道
——飛び込むことで広がる世界
2015.9.30 LECTURE

安藤 康伸
Yasunobu ANDO

東京大学大学院工学系研究科 助教
（所属は講演当時）

PROFILE 東京大学理学部物理学科卒業、同大学大学院理学系研究科物理学専攻博士後期課程修了、博士（理学）。産業技術総合研究所産総研特別研究員（ポスドク）を経て、東京大学大学院工学系研究科助教。その後2016年より、産業技術総合研究所研究員。専門は計算物質科学。研究キーワードは電気二重層、次世代電池、機械学習、データ駆動科学。そのほか、科学技術インタープリター養成講座修了、NPO法人 Class for everyone 理事として新興国の教育活動にも携わる。趣味は着物・サルサ。

研究者の一番の仕事は「書く」こと

　皆さんの中で、将来、研究者になりたいという人は少ないでしょう。むしろ、研究者とは縁のない人生を想定している方が大半だと思います。しかし、例えば、国家公務員になるとしても、事あるごとに研究者と関わることになるかと思います。今日は、研究者はどういう仕事をしているか、大学でキャリアを積むにはどういうことを考えなければいけないか、そして最後に私がこの道に至った理由を簡単にお話します。

　私が考える研究者の一番の仕事は文章を書くこと、これに尽きます。文系・理系を問わず、文章を書かない研究者には存在意義がありません。学会誌の解説記事や投稿論文など、いろいろな形で日々文章を書きまくるのが研究者です。もちろん研究を実行するスキルは必須です。しかし、研究から導き出されたことが頭の中にあるだけでは評価されません。誌上発表をしなければ、たとえどんなに学会で立派な発表をしても、あまり価値がないものとされます。また、予算獲得のためにも大量の書類を書きます。それを書いて、応募して、予算がもらえるかどうかが決まります。その際、研究計画は、どのようなビジョンを持って、どのような新しいことを発見できるのかを分かりやすく書かなければなりません。これは今日の一番大事なことのひとつです。研究者になりたい人は絶対に覚えておいてください。研究者にならない人も研究者は何か文章を書いているということを頭の中に置いておいてもらいたいと思います。

どんなものを書いているのか

　例えば研究成果を書く。これは論文を書くということで非常に分かりやすいと思います。公に発表されるものは、学術論文、これは国際誌に英語で書いたものを投稿して、採択されれば世界中の人が閲覧できるものです。あと、解説記事があります。日本にはいろいろな学会があります。私が属している学会は、日本物理学会と日本表面科学会ですが、その仲間に向けて、自分たち

の研究の進展などを日本語で解説します。これも研究者仲間の中では評価されるもののひとつです。さらに、予算を取ったら、その成果について報告書を書かなければなりません。この作業は、もらった額に比例して大がかりになります。総額で億を超えるような大きな予算を獲得する人だと、報告書をまとめるだけで1ヵ月以上かかることもあります。報告書を書くのも、非常にタフですがその後の評価につながる重要な仕事です。

　公に発表するものではないですが、必ずやらなければいけないのが、自分自身の研究ノートや生データの整理です。これも書くことです。私の場合は、パワーポイントに生データやコメントを貼っていって、いろんなフォーマットに書き換えやすいように整理して保存しています。それを論文の体裁に書き直して発表する媒体にもって行きます。この枠組みは文系理系を問わず、ありとあらゆる研究者がやっている作業です。

　研究者はほとんどの場合、自分で研究のための資金を獲得しなければなりません。そのため、競争的資金と呼ばれる公募に申請書を出し、審査を勝ち抜いた人だけが研究予算を獲得することができる制度があります。申請書では、研究目的、研究背景、研究計画、着想までの経緯、どういったところにお金を使うのかということを淡々と書いていきます。1件当たりA4サイズの文書で12枚ぐらいになります。私の場合、それを年に2、3件書きます。どの研究者もそうした申請書を書いて、厳しい審査の結果採択されて初めて研究資金を獲得することができます。

　研究者のビジョンがお金になるわけです。逆に、ビジョンが伝わらない研究には、予算が下りません。ベテランの研究者がこれをチェックします。同業者同士でチェックするのですが、面識のないことが多いです。さらにどの分野の人かも分かりませんから、専門用語ばかりも使えません。その中で、どのような価値があるかを端的に述べる必要があります。毎年このような競争を戦って、予算を獲得することをひたすら繰り返す日々です。

　研究成果は学会でも発表します。私の研究はシミュレーションで様々な材料の特性を調べるというものですが、学会で発表する時には研究資料を作って発表します。真面目に解析をして、文章を書いて、何が面白いか滔々と説明をして、研究コミュニティに提出するという作業を日々やって生きている

わけです。良い研究成果が出て国際学会で発表する機会が与えられれば、海外へ出掛けて、世界中の人と交流することができるのも研究者の醍醐味のひとつです。僕がこれまで国際学会で行ったところはヨーロッパ各国、アメリカ、メキシコ、シンガポール、タイなど。結構いろんなところに行けます。

以上が研究者の仕事の概観ですが、とにかく書かないと何も始まらないし、何も終わらない。何の評価もされない。書くことがすべての社会と思っていただければいいと思います。書かなければお金ももらえません。お金をもらったらまた書かなければいけません。報告書も、論文も。そうした研究活動の中で、世界中の人と交流をしたりというのが、だいたいの研究者の毎日です。

研究者の人生は不安定？

さて、研究者は安心して人生を歩めるのでしょうか？　研究者は生活が不安定、結婚できないんじゃないか、子どもを持っている人は少ないんじゃないか。新聞報道などで、いろんなネガティブな話を読むことがあると思いますが、私の体験でお答えしたいと思います。

おっしゃるとおり研究者は不安定です。私の履歴書を紹介しますと、まず学部4年間、大学院5年間の計9年、大学で学生をしています。この段階で結構何してたんだと何も知らない人には言われます。ただし、最後の2年間は、日本学術振興会の特別研究員として国から月々20万円の研究奨励金と、年間100万円程度の研究費をもらって研究していました。研究奨励金は学費や自身の生活費に充てることができるもので、税制上は給与として扱われます。一方、研究費は所属機関に振り込まれるもので、研究のためだけに使用することができます。博士課程に進学する全員が応募する権利を持っているもので、申請者に対して採択率は2割程度です。決して潤沢ではありませんがドクターに行ったから無収入だ、親のすねをかじり続けなければいけないというのは必ずしも正しくはありません。

私はその中で博士号を取り、産業技術総合研究所というところに就職しました。いわゆるポスドク（博士研究員、ポストドクトラルフェローの略）と

いうものです。1年契約で更新あり、更新できるけど更新しないかもしれないという、よく分からないもやっとした感じです。その後私は東大工学部に異動しましたが、最近の東大工学部の助教は全員5年契約です。5年経ったら別のところに行って、新しいポジションを見つけてくださいというもの。そうしないと若い人が上がって来れない。人材が代わっていかなくて、例えば私みたいなのが40過ぎまで助教をやっていると、その間十何年か若い人がそのポジションに就けないという問題がありますので、なるべく早めに出て行ってくださいと。原則、更新はない。ですから、今は短期契約を積み重ねて私自身は生きています。自分の人生ですが私にも読めません。こういうスタンスで研究をしていく、こういう人材になってこういうところに活躍する、そういう自分の意志で動くしかない。大海原に放り出された感覚ですが、その中で養える感覚もあるんじゃないかなと思っています。

研究者はグローバル・コミュニティーの一員

　私は、産業技術総合研究所に就職した後、東京大学に移りました。公的な書類上は「転職」扱いなのですが、私たち研究者はまずほとんど「転職した」とは言いません。多くの研究者は「異動した」という表現を使います。普通、民間企業で異動と言うと関連会社に異動とか、別の支店に異動する時に使いますよね。でも、大学間を移動する、あるいは独立行政法人のような研究機関に移るときも研究者は異動という言葉を使います。仮に海外の研究所に行っても「異動」です。これは、アカデミア業界と呼ばれるような大学や研究機関が、それぞれの分野ごとにひとつの大きなグローバル・コミュニティを形成していると考えると理解しやすいと思います。実際に私は今（2015年当時）東京大学に所属していますが、例えば同じ大学の薬学部のことは知りません。けれども例えば他大学の理工学部の話はよく聞きます。つまり、関連分野であれば世界中の大学に知り合いがいますが、同じ大学の中にいても別分野のことは分からないわけです。大学というのは、そのような不思議な組織です。

　研究者は個人事業主にたとえられることもよくあります。研究者は自分で

お金を取ってきて、何にいくら使うかというマネージメントをします。学部は商工会や組合のようなもので、大学はそれを束ねている行政機関のようなイメージです。ですから、大学に属しているから大学のために全員がひとつの方向を向いてやっているのではなくて、自分でやりたいことのある人たちが集まっていて、それを円滑に進めるために各組織が動いている感じです。授業や会議といった業務がありますが、極端に言えば研究のためにお金を取ってくるのも何を研究するのも個人の責任、組織はサポートに徹するというのが大学。ただし、世界中とつながっている、そこもまた面白いところでしょうか。

教授への道

　博士号取得後のキャリアとして、一番最初にポスドクという役職があります。これは通称で、実際には研究員という名前が付くことが多いです。その上に助教。専任講師を配置している部局もあります。そこから出世すると、准教授、教授というヒエラルキーです。ちなみに今は日本には助教授という言葉はありません。昔の助教授は今では准教授と名前が変わっています。

　分野によって違うため一概には言えませんが、私の知っている工学部での一般的な例で言うと、仕事の役割としては一番上に、大学・部局の運営やプロジェクトの管理・運営があります。プロジェクトの管理・運営というのは、基本的には自分たちの取ってきたお金で行う研究についてです。いわゆる管理職で、これは教授・准教授の仕事です。ポスドクというのはそうした研究プロジェクトで、実際に手を動かしていろんな研究をしている研究者です。データを取ってきて教授に持っていって議論をして研究を詰めていきます。両方やるのが、助教とか講師の人で、ざっくり言えば中間管理職です。

　役職はオーディションで勝ち取ります。例えば、今私は助教ですが、准教授に上がりたい場合は、どこかの大学で准教授の公募がないか探して、条件にあった公募があれば書類を出して応募します。書類選考に通ったら、オーディション、つまり面接や模擬授業があります。その部局の人たちの前に行って、こういう研究をやってこういう成果がありました、私はすごいです、

こんな授業ができます、だからこの仕事が向いてます、ということを語って、部局の人のツッコミを回避しながらアピールして、目指すポストを取っていくという日々です。自分たちが日々やっていることを成果としてオーディションの時に出せて、それをもとに職階が上がっていくと思ってください。

　研究業績で評価される軸は2つあります。まずは既にあるディシプリンの中で最先端をいくものは当然優れた研究とされます。もうひとつ、境界領域と言われるような、未開の分野研究が評価されることがあります。ただし境界領域については、評価できる人材が少ないという難しさがあります。既存のディシプリンの枠にはまらないため、私の研究は非常に面白いと思いますと言っても、それを理解できる人は少ない。どうやったらみんなに伝わるかをかなり工夫しなければいけません。また境界領域では必要なスキルが多岐にわたるという難しさもあります。私が今やっていることは物理と化学とエネルギー工学のあいのこみたいなことをやっています。物理が分からない、あるいは、化学、電気化学の知識がないと今の研究はできません。それにエネルギー問題、燃料電池やリチウム電池などに精通していないと、自分の研究の価値を紹介できません。いろんなことを学ばなければいけないという難しさはありますが、これは得手不得手です。僕はひとつのことをやるのが苦手で、いろんなことをやって形にする方が好きだったのでこっちが向いていた感じです。既存のディシプリンを極めてトップを狙うか、境界領域を開拓して行くか、どちらに進むかは本人の素養、好み次第かなと思います。

研究だけやっていればいい？

　大学の研究者は研究だけをやればいいのか。私はそう思っていません。研究者は研究をして論文を書かなければなりませんが、それだけしていればいいのかと言うと、そういう時代ではないんです。なぜかと言うと、学生数が減っているということがひとつ。それと分野が多岐にわたりすぎて、個々の専門の面白さがもはや、外から見るとさっぱりわからないことがほとんどだということがあります。そうすると、ただ研究に専念するのではなく、研究者自身が研究をするための状況、環境を育てていくことも重要になってき

ています。

　研究は一人ではできません。例えば、今、私の頭の中に10個の研究テーマがありますが、10個の研究を一人ではできませんから、仲間を集めたり、学生さんに協力をお願いしたり、スタッフを雇ってやってもらわなければなりません。そのためには、研究者のコミュニティーを育てる必要があります。さらに、新しい研究所を建てるときは地域住民の理解が要りますから、地域の人々のコミュニティーの理解も不可欠です。

　もちろん、研究者にとって一番大事なのは研究をすることです。その上で、そのために研究コミュニティーを育てる。そしてその研究コミュニティーを維持するためには社会のより広い一般コミュニティーの中にちゃんと位置づけていく。この3つの段階すべてに関わることが、今の研究者には求められるのではないかと思っています。

「中間領域の知識」を持とう

　昔は専門馬鹿と揶揄されたI型人材というのがあって（図）、それじゃダメでしょ、いろいろ知ってなきゃとT型人材が必要だと言われるようになりました。専門以外のことも広くフラットに知っていましょうという意味です。でも私が訴えたいのは逆三角形型、ドリルみたいな感じです。みんなが知っていることは幅広い教養として持っていてほしいですが、やはり何かひとつ専門性というのは、大学で勉強するのであれば持っていたほうがいいと思います。くわえて、中間領域の知識を持つことが非常に重要です。そうい

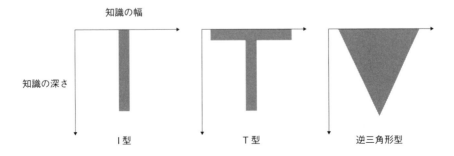

う中間領域の知識を持った人材が育ってくると、専門馬鹿とも言われず、境界領域を広げやすくなり、自分の人生も豊かになるというイメージがあって、今私が提唱する枠組みです。

　例えば私はシミュレーションをやっていますが、物理をやっていて、シミュレーションをやって、そしてある程度化学が分かる。この時に面白い事態が発生します。例えば、普通の人よりはかなりコンピュータに詳しいんですね。だけど専門の人ほどは詳しくない。こういうのを私は中間領域の知識と呼んでいます。これをもとにして私はいろんな共同研究や副業をやっています。

　例えば、「科捜研の女」（テレビ朝日系）という警察ドラマの台本の手伝いをしたことがあります（科捜研とは「科学捜査研究所」の略）。友人経由で、「物理をテーマにした殺人事件をしたい。先生、どうやって殺しましょうか」と。結果、なかなか刑事ドラマでなかったパターンで、凶器をナノレベルまで粉砕しましょうということになった。ここまでいけばDNA鑑定もクソもありません。で、じゃあここからどうやって犯人を追い詰めるのかという、そこは脚本家の腕の見せ所になりました。結構僕の中では大ヒットした楽しい経験でした。

　あと、最近あるNPOの理事もしています。2015年の8月にタンザニアに仕事で行きまして、タンザニアの農村部で車を使った移動型の図書館をやろうと。それで農村部の識字率の向上や社会貢献をやろうとしています。なんで物理学者である自分がこんなことをやっているかいまだに分からないですが、ざっくり言えば、友達と飲んでいて気が付いたら入っていたという感じです。実際に僕が何をやっているかと言うと、例えば「iPadを使いたい。iPadを10台持っていったときに効率よく10台に同じデータを入れるのはどうしたらいいか」「インターネットでいろんなことをやりたいがどういう制御をしたらいいか」、そういった技術的な相談を受けたりしています。他にも最近だと、移動図書館の車を買うためのクラウドファンディングも始めました。

僕が研究者を選んだワケ

　ここまではちょっと堅い話でしたが、ここからはフランクに、僕が研究者という道を選んだ経緯をお話ししたいと思います。僕は 2003 年に東大理科一類に入学し、その後、理学部物理学科（通称「理物」）に進学しました。理学部物理学科をご存じない方に簡単に紹介しておきますと、理科一類の中で一番ぶっ飛んだ連中の巣窟といわれている学部です。僕は駒場（教養学部）の理系の授業、数物系の授業を全部取って、その平均点で嵩上げして最終的になんとかギリギリそこに潜り込んだ人間です。そんな人間が、理学部物理学科に入ってしまったがゆえに紆余曲折のある人生を送っております。

　理学部物理学科に進んだ理由は、日本一の物理の教師になりたかったのと、物理と化学、科学と芸術の間には何があるんだろうというのも興味があったから。概念とか力とか見えないものが好きだったんです。今で言うとシステムみたいなものも結構好きです。見えないものを自在に操って、それで何か世の中が回るって何か楽しくないですか。実際に銀行の ATM のシステムもそうですし、コンピュータの中のプログラムなんかも実際には目で見えないものですね。プロセスが見えないけれどそれで動いている。あとはしゃべっている声も、目には見えないけれども、音という概念を使えばコントロールできる。大きくしたり小さくしたりできる。概念というのが大好きだったんで、腹を決めていろいろ勉強した結果、理学部物理学科進学に至りました。

凄すぎる同期に心を折られる

　「物理で概念・力をやるなら素粒子物理だろう。何と言っても物理の花形だし、理論屋、カッコいい。あと重力！　アインシュタイン最高！」みたいな感じで理学部物理学科に進学したんですが、学部同期がすごすぎて、ドン引いて、心折れたというのが実際です。例えば、演習で問題を解いていて僕が知らないことをしている同期に、「これなんですか？」と聞いたら、「教科書に書いてあります」とひとことだけ言われる。どの教科書？　僕そんな教

科書知らないよというようなハイレベルな教科書を英語で読んでいる、そんなすごいやつらがいました。

　僕にトドメを刺した、僕の中では有名なエピソード（笑）があります。スティーブン・ワインバーグ[1]というノーベル賞を取った素粒子物理学の大家がいるんですが、彼の書いた教科書、場の量子論という本の解説をしなさいというゼミでの話です。担当になったわずか4行の数式に、1週間詰まってしまった。最終的にそれっぽい結論は導き出したのですが、僕の同期は一目見て平気で解いて説明してくれたんです。恐ろしい世界だと思いました。

　そんな修羅みたいな学部生活でしたが、でもやっぱり物理はやりたい。せっかく理学部に行ったので、大学院では近代科学の礎を作った量子力学を専門としてやりたいなと思いました。あと、僕はゲーマーだったので、ゲームとも関わりが深い手法であるシミュレーションをやりたいとも思いました。シミュレーションがあって量子力学だったら何でもいいやと。開き直って色々探して、最終的に至ったのが、物質を量子力学で解くという、今の専門領域です。

　ここまでは全然僕は仕事のことを考えてません。僕は浪人もしてますが、言葉っていうのは面白いな、ミュージカルとか、芸術系も面白いなと思っていたのと、物理はつらいな、やばいやついっぱいいるなあ、でもここまで来たら物理を手放したくないし、とりあえず物理をやってみましょうと。ここでできた仲間を大事にしながら将来のことは考えようかなと。東大の理物に行くと半分以上の人が博士を取りに行きます。そういう環境にいたので博士号を取るというのも漠然と考えていました。

大失恋が人生の転機に

　23歳、大学4年生から大学院1年生の頃。人生の転機です。人間誰しもこの辺で一度は変わると思うんですが、僕はここで大失恋をしました。当時

---

1. スティーブン・ワインバーグ（1933-）アメリカの物理学者。素粒子論の研究で知られ、1979年、グラショー、サラムとともにノーベル物理学賞を受賞。

付き合っていた彼女にピュッと振られまして、本当に世界が終わった感じってこういうことを言うんだなと。非常に恐ろしい体験でした。そのあまりの恐ろしさに何とかしたいと現実逃避にいろんなものに手を出したんですが、それが非常に良かったんですね。サマースクールに参加したり、次の年にその校長をやったり、コンサルタント会社でインターンをやったり、科学コミュニケーションを副専攻で学んだりしました。一度深く考えるのをやめて、目に付いた興味がありそうなものには全部、勇気を出して飛び込んでみました。

　研究だけでは生きていけないと思いつつ、研究しないと生きていけないので、とにかく非常に頑張りました。いろんなことに首を突っ込んでいたので僕は卒業するのも大変だったんですが、なんとかかんとか今の研究テーマに辿りつきました。12月に学位論文を提出するんですが、11月まで結果がでない。死ぬんじゃないかという感じで、この辺りから2ヵ月くらい記憶がない。日記にも記憶がないとしか書いてない。「今日ご飯食べたか？」というメモ書きしかない。最終的に無事学位が取れたので良かったですが、本当に二度と経験したくない生活をしていました。

　でもこうして大学院生の時に思い切っていろいろと飛び込んだ結果、今に至る良い出会いの連鎖が起きました。例えば、高校生向けに出張授業をする大学院サークルの活動を通して仲間が増えました。実は先に話したNPO法人の理事の話も、この流れで来た話です。あとは最近は少し着物にはまってみたり、サルサというダンス、30過ぎてお腹も出てきたので運動したいと始めたり。これが不思議なんですが、物理だけを勉強していた時と比べると非常に自分の目指すものに近づいているという感覚があります。何か僕がやりたかったこと、痒いところってここだったんだなってところに、徐々に手が届いてきたかなと、30代にしてようやく思うようになりました。

「社会の役に立て」と言われても

　これ、僕も非常に悩んだ話で、「社会の役に立ちましょう」という話。研究者とか人材というのは社会に役に立たなければいけない。だから皆さん、

社会の役に立ってくださいとよく言われます。では皆さんの中で、社会というものについてA4用紙4枚くらいで書ける人はいますか？

　僕が思う社会とは。社会の定義……。僕には書けませんでした。いろんな本を読んで、社会貢献とかいろんな勉強をしましたが、全然ピンと来なかったんです。ただ言えるのは、社会というのは個人の集まりであることくらい。なので少なくとも隣の人を満足させなければ、社会を満足させるという概念はさっぱり意味が分からないだろうなということで、社会というわけの分からないものを1回捨てて、僕は友だちとか家族とか周りに目をやるようになりました。

　正直、社会の役に立つ職業っていうのは、すでにあるものでしか成り立たない話で、例えばまだ世の中に存在していないものは、社会の役に立つかどうかは結果論でしかないと思います。そんなものにとらわれて自分を失うくらいであれば、まずあなたのやっていることは友だちが楽しいと思ってくれますか、とか、指導教員が認めてくれますかとか、そういう身の回りの人たちを大切にしたらどうでしょうか？　で、一番身近な人は誰かと言うと、自分です。自分が満足できない仕事は人を満足させられないと思います。そこは絶対に肝に銘じてほしいと思います。社会の役に立つというのは、役立った後に分かるものだと僕は思っています。

大学で学ぶことの意味

　良く似たところで、大学で勉強したことは役に立ちますかと学生に質問されることが良くあります。いろいろと役に立つんですが、まず言っておきたいのは、学問は使ってなんぼだということです。教科書に書いてあることを覚えたというのは満足感でしかありません。あそこに書かれていることはツールでしかありません。それを組み合わせて皆さんが何かを作るためのものなんです。皆さんはこれから社会でいろんな課題に向き合うことになりますが、そういうものは教科書に答えは書いてありません。ただし、それを解くための手段、あるいは先人たちが積み上げてきた似たような問題が、教科書にきれいに秩序立てて体系化されて書いてあります。

あと、知識がないとそもそもそこにある問題に気付くことができません。これは非常に重要なポイントです。例えば、何かデータを見た時に数字がおかしいかおかしくないかは、知識がないと気付くことはできないわけです。例えば日本で月々の給料の欄に「100」と書いてあったら、みんな変だと思いますよね。100円では生きていけないとみんな知っているからです。でもそれが別の国だったら、知識がなければ判断できない。

文系理系の両方の素養が求められる仕事がたくさんあります。例えば科学技術や知財を扱う弁護士。法律の勉強だけでは、扱う事例の実際が分からないですから、戦うことは困難です。それから文系からの就職も多いシステムエンジニア。これは人材不足の波もあって文系でもたくさん就職します。あとは科学のジャーナリスト。これはまだ日本では非常に少ないです。ジャーナリストというと人文系のことを主にやっている方面が多いので、科学技術に明るくなかったりします。こういったことで、文系と理系の素養を2つ合わせたものが重要になってきています。いろんな素養を持っていることが重要になるでしょう。他にもまあいろいろありますが、学生生活は思いのほか長いのでいろんなことを考えてください。今決めたことで人生は決まりません。就職について3年後に決断したところで、10年後の人生はどうにでもなります。

悩んだら人に頼ろう

最後に、苦手な人も多いのでこれは絶対に言っておきたかったことなんですが、悩んだら人に頼ってください。結局のところ専門家には勝てないんです。病気になったら医者に頼りますし、システムでトラブったらシステムエンジニアに頼ります。それが効率的に仕事を回すためのスキルですし、自分の精神衛生をより良く保つための秘訣でもあります。得意な人に得意なことは任せる。自分でやらなければいけないことを自分でやるのは、当然のごとく人生でやっていくと思います。だからこそ、頼れるところはどんどん人に頼っていって欲しいと思います。「これが好きだ、を重ねる人は人生を自由に過ごす術（すべ）を知る人」というのが私のモットーです。皆さんも何か

好きなものを見つけ、人生を楽しんでいってください。

追記

　この原稿と向き合っている 2018 年現在、私は東京大学から再びつくば市にある産業技術総合研究所に移り、研究員を務めています。現在の職は終身雇用の立場となり、研究者としてはキャリアアップに相当します。今後は長期的な視点で研究を捉え、成果につながるかまだまだ不透明な研究テーマにもリスクを恐れずに飛び込むことができます。特に現在は、人工知能技術をどのように専門的な研究・開発に取りいれて研究活動を効率化して新しい発見につなげるか、そしてそれをどう教育に結びつけていくか、といったテーマを中心に取り組んでいます。

　時代とともに研究者のキャリアモデルは劇的に変化しているため、立場が安定したとはいえ私の将来もまだまだどうなっていくか正直わかりません。その中にあっても「これが好きだ」という心の動きの大切さを私自身忘れずに研究していきます。私もまだまだ、道半ば。

CHAPTER I 「好き」をとことん追いかける

目の前のことを全力で取り組め
2015.10.14 LECTURE

丸 幸弘
Yukihiro MARU

株式会社リバネス　代表取締役 CEO

PROFILE　2002年6月、東京大学大学院在学中に理工系大学・大学院生のみで株式会社リバネスを設立。日本初「最先端科学の出前実験教室」をビジネス化。大学・地域に眠る経営資源や技術を組み合わせて新事業のタネを生み出す「知識製造業」を営み、世界の知を集めるインフラ「知識プラットフォーム」を通じて、200以上のプロジェクトを進行させる。株式会社ユーグレナ技術顧問など、多数のベンチャー企業の立ち上げにも携わるイノベーター。

型にはまったキャリアなんて考えない

　皆さんは、キャリアに興味はありますか。僕はキャリアという言葉をあまり分かっていません。自分の来た道を話してほしいということで来ましたが、今日僕はここで仲間を集めたいと考えています。いろんなビジネスをこれからつくっていきたくて。僕は、就職活動をしたことはありません。キャリアをまったく考えてない人も世界にはいるということを知っていただければいいかなと思います。

　僕自身は、自分のことにも自分の将来のことにもまったく興味がなくて、どうやったら世界が面白くなるか、どうやったら世の中を変えられるかを常に考えている人間です。なので、仲間が必要なんです。今日ここにいる100人のうち1人でも、授業が終わった時に「丸さん、何かやりましょう」と言ってくれたらうれしいです。ちなみに、僕は博士号を持っていて、理系です。では、理系のキャリアっていうとどういうふうに考えるか。僕が大学生・大学院生の頃は、みんなスーツを着てどこに就職しようかという話をしていました。

　今日来ている理系の方、どんな仕事をしたいですか。毎日実験しているとか、大学の先生、研究所で働く……というイメージが強いかと思います。最近は、文系・理系あまり関係なしにコンサルに行く人もいますね。さて、これらの職業は、いつまで続くのでしょう。僕は、究極的に言えば、いずれ医者はなくなると思っているし、弁護士も要らなくなると思うし、会計士もたぶん要らなくなると思っています。今、少しずつ仕事が人間から人工知能に置き変わるなど、様々な時代の流れが来ています。あなたが今目指している職業は、10年後もあるのでしょうか。例えば歯科技工士はどうでしょうか。義歯だけならもう3Dプリンターで出てきます。その中にセンサーを入れたら、自分の体調も分かるようになるでしょう。そういう世界がもう来ます。歯科技工士に限らず、3Dプリンター自体も進化して、きっと簡単に手で描いたものが出力できるようになるとか、センシングしたデータを入れれば目的のものができるような時代が来るから、3Dプリンターの技術者さえ要ら

なくなるかもしれない。

　じゃあ10年後、我々にはどんな職業があるのでしょうか。こうやって「職業」という切り口で考えると、何があって何がないか予想できないんです。それよりも、こんなことをやりたい、こういう世界を作りたいと考えたほうが、将来安心です。21世紀は、職業という決まった「型」がなくなります。右肩上がりの経済成長の時は、「型」がありました。エンジニアがあと100人必要だ。歯科技工士が何人必要だ。コンサルタントがどのくらい必要だ。ただし、成熟期──プラトーに達した世の中で、これからキャリアという考え方そのものが変わっていくと思います。

　僕自身は、自分がどんな世界を実現したいかをちゃんと考えた人が面白い世界に進める、つまり自分の好きなことができるような将来が約束されると思っています。僕は、自分のやりたいことがどの会社にもなかったので、それなら自分で作ればいいと思って会社をつくりました。もともと理系で研究が好き、研究とビジネスをやってきた人間です。

ないものをつくりたいのが僕

　僕は今年（2015年現在）37歳になりました。皆さんの10年後と言うと30歳くらいですから、今の僕はその先のもっと未来にいることになります。でも、皆さんの年齢の頃の僕もいました。僕は、東京薬科大学生命科学部を卒業後、修士課程から東京大学に来ました。今は、ミドリムシの大量培養技術を持つ株式会社ユーグレナ、日本初の個人向け大規模遺伝子解析サービスを提供するジーンクエスト、分身ロボットを開発するオリィ研究所、腸内環境をデザインし、病気ゼロ社会の実現を目指すメタジェンを含むおよそ30の会社を作って顧問・役員などもやっています。全部テクノロジー系ですが、まだ産業になっていないものを始めています。例えば、メタジェンは腸内細菌をサイエンスする会社です。それでどうやってビジネスをするか、僕にも分かりません。だけど、人間の免疫とか人間の健康を腸内細菌によってコントロールできるはずだ、という論文が発表されていたりします。僕はそんな、今この世にない産業をつくろうとしている人間です。

趣味は旅です。八王子から新潟まで歩きました。これだけ歩くと、運動靴が1足つぶれます。10日間掛かります。山を3つ越えます。だんだんと人の温かさが変わってきます。コンビニで寝ていると八王子辺りでは怒られますが、田舎に行くと「どうしたの？」と聞かれるようになります。「どこから来たさ？」「東京から」。「どこ行くの？」「新潟まで」。こう答えると、「嘘つくな」って言われます。でも、嘘じゃないんです。すると、「なんで歩くの、暑いでしょうに」ってスッといなくなって、氷と塩で揉んだキュウリを持ってきてくれるんです。「これで体冷して頑張ってな」って。これが旅の醍醐味です。インターネットには、そんなおばちゃんがいるとは書かれていませんでした。旅をするといろんな感性に出会えるので、今でも続けています。僕は、旅をしたかったということもあって、ひとつの会社に勤めることができないタイプの人間なんです。

幼少期をシンガポールで過ごす

　「お前変わってるな」とよく言われますが、自分では変わってないと思っています。何が原因でこんな変だと言われる人間が生まれたのか、自分自身興味を持っていろいろ思い返すと、幼稚園の頃シンガポールにいたことが影響しているかな、と思います。シンガポールには小学校3年生までいました。シンガポールは多民族国家です。中国人、マレー人、インド人、イギリス人、シンガポール人、そして日本人がいます。その中で自分を出していかなきゃいけない環境です。

　現地の学校の授業は面白かった。でも、日本に帰ってきてからは学校に馴染めなかった。先生についての記憶は、お尻を見ていたことだけです。だって、ずっと黒板に板書していて、お尻しか見えないから。「皆さん写しましたか」。教科書に書いてあるから写したくないと言ったら怒られました。「いいから写しなさい」。僕は意味のないことはやりたくない。そんな授業はシンガポールで受けてない。シンガポールでは、「今度こういうのをやるからみんな考えて来てね」と言われ、次の日学校が始まると、「さあみんな考えてきた？　じゃ発表してみようか」という形の授業なんです。学校に行くと

先生が手品をしてくれたり、ディスカッションがあったり。なのに、日本ではカツカツってチョークの音がするだけ。気持ち悪いーって思いました。まったくノートを取らないで終わりましたが、それでも成績良けりゃいいんでしょ、みたいな感じはありましたね。なので、日本の学校は変だなというのがありました。ただし、僕にとってはうれしいところもありました。給食がすごく良かったです。だって、おかわりすると女の子にモテるんですよ。牛乳飲めない女の子がいると、俺飲んでやるよ、と。パセリとか食べられないものを女の子からもらって食べてあげるとちょっとモテる（笑）。

中途半端は絶対ダメ

　中学、高校と、バスケットボールをやっていました。僕はここでスポーツ工学を学んで、バイクの改造もしていました。これについても機械工学的知識を得たというと「素晴らしいですね」と言われますが、改造しただけです。バスケットボールといえば、実は僕、千葉ジェッツというプロバスケットボールチームを持っていて、その立ち上げメンバーでもあります。千葉が実家なので。

　そのあと、東京薬科大学に入学して、バンドをやっていました。メジャーデビューはできなかったけど、その1歩手前のインディーズでデビューしました。今は、仲間とつくったレコード会社を持っていて、ライブハウスも六本木にあります。

　何が言いたいかというと、遊びを徹底的にやってきたということです。これはすごく重要なことです。僕は遊びでも必ず目標をつくって、やるからには思いっきりやる。誰もやってないことをやろうと、曲も自分で一からつくってCDもつくりました。たくさんのコンテストにも出ました。バイクの改造も半端なくやりました。旅もそうです。誰もやっていないから、ということで新潟まで歩いて行きました。

　僕が皆さんに伝えたいことは、キャリアを考える前に今日1日、今一番興味のあることに本当に力を注いでいますかということです。好きな女の子がいたら全力でぶつかっていけばいいし、今やっている部活があるんだった

ら、それを思いっきりやればいい。でも中途半端は絶対ダメです。目標を立てて、絶対にこれを超えるんだという気持ちで、それをやり続けてください。興味が移ったら、それに対して全力をあげてください。だって女の子にふられて引きずる男はカッコ良くないでしょ。次の女の子にいくでしょ。僕は全力でバスケやって、次に全力でバンドをやって、そこではCDまで出したけど、メジャーはいけなかった。じゃあ次に切り替えよう。これがすごく大事です。全部成功するわけがないんです。自分に合った何かを探すには、必ず全力でやらなきゃいけない。それが足りてないと、キャリアという言葉に一方的に不安を覚えてしまうんです。今やりたいことを全力でやればいい。ゲームが好きだったらゲームを思いっきりやればいい。その代わり、「ここまで行ってみたい」という目標をつくること。それが大事です。

就職活動で悩み、研究と出会う

そんな感じで僕は大学時代思いっきり遊んで、バンドやって、モテモテでした（笑）。お金がなかったので、当時付き合っていた女の子にギターを買ってもらって。それは良かったんですが、大学2年生、3年生になると、ロックに生きると言っていたバンドメンバーがスーツを着て来て、「オマエいつまでやってんだよ」と言い出しました。始まりました。就活です。信じられませんでした。あれだけ熱かったやつらが、「宗教法人就活」に持っていかれたわけです。だっておかしくないですか。行ったこともない大企業に行くんですよ。みんなで同じスーツを着て行くんですよ。「どうしてそこに行くんだ？」「有名だから」。そんなよく分からないところへ入るのか。ロックじゃないのか。新しいことをやって、人と違うことがすべてじゃないのか、と言いましたが、「お前、いつまで馬鹿なことやってるんだ」と言い返されて、僕はショボンとなりました。

さすがにまずいと思って、大学の先生に相談しに行きました。僕はバンドとバイクとバスケと旅が好きなんです。別に働きたいとか思わないし、会社に行きたいとも思わないし、就活とか意味分かんないんですけど。思いっきり生きてきているんですけど。そう言ったら、先生は「君、面白いね」って

言ってくれたんです。これ、結構大きなきっかけで。普通、怒るじゃないですか。アホなこと言ってないでとにかくスーツ着て説明会に行ってこいって言われるかと思っていたんです。でも、「君は、いいね。もしかしたら研究者に向いているかもしれない」って。「なんスか、研究者って？」「誰もやってないことを仕事にする人」。「へー、面白いじゃないですか。誰もやってないことが仕事になるんですか？」「誰もやってないことじゃないと論文書けないしね。誰も知らないことを発見するのが仕事なんだよ」。「へーっ、それ熱いッスね。それ、何て言うんですか？」「研究すなわち学問だよ」。これが、僕が勉強と学問の違い、研究と出会ったきっかけです。

　当時の僕は、みんなが就職活動をしていたのを見て、違和感を持っていました。彼らを否定するつもりはありません。良い大学を出て、良い会社に入って。もちろん、ひとつの生き方として否定はしませんが、僕はちょっと違うなと思ったので、ずっと悩んでいたんです。周りの友達が就職活動をした時に、自分はちょっと違うんだなって思って相談して、その相談相手がたまたま良い先生だったという偶然です。ラッキーです。それで、僕は研究と出会い、大学院に進みました。

問いを持って学ぶ、学問

　皆さんは藻類を知っていますか。ユーグレナとか、クラミドモナスとか、シアノバクテリアとか、いろんな藻類があって、実は無限の可能性があるんです。この時出会った研究で、僕はミドリムシのベンチャー（株式会社ユーグレナ）をつくりましたが、当時は自分が会社をつくるなんてまったく想像していませんでした。とにかくこの時は、先生に「君は研究が合っているかも知れない」と、騙されたんです、ある意味。今恩師に会って、先生、よくあんなこと言いましたね、と言うと、「僕、そんなこと言ったかな」とか言ってとぼけられますけどね。

　僕は学問に目覚めました。なるほど、誰も知らないことを知る。問いを立てて学ぶって面白い。先生は、ついにはこんなことも言いました。「学問は勉強と違うから、勉強ができなくてもいいんだよ、丸君。勉強なんて強いて

勉めると書くでしょ。そんなのは学問には通用しない」。もちろん、これはビジネスでも通用しません。勉強だけじゃ、何も解決できない。「ただし、学問だったらいろんなことを解決できるんだよ。学問というのは問いに対して学んでいく姿勢なんだ。最近疑問に思ったことはある？」「先生、ありますよ。砂漠の緑化をしてみたい。なんで砂漠はどんどん木が消えていくのか、僕はそれが疑問です」。そう答えると、「オッケー、砂漠に行って来なさい」。そんな感じの先生でした。つまり、問いを持ってそれに対して学んでいくのはとても面白いことで、それをやり続けるのが研究者だ。学問というのが一番面白いことなんだぞと教えられたわけです。

　問いを持って新しい疑問を感じる。疑問を感じたら、いろんな人に質問する。疑問がなければ質問なんか絶対出ないんですよ。質問力と言っても分からないかもしれませんが、要は疑問を持つことです。疑問がない人は質問ができない。質問ができない人は世界に行けないんです。すべてのものに「何故だろう」という問いを持つこと。それに対して自分で調べたり勉強したりする。ここから強いる・勉めるが出てきます。その問いを解くために数式が必要であれば勉強する。受験で合格するために勉強するんじゃないんです。

　僕はこの大学時代に、もっと思い切り学問がやりたい、博士を取って教授になろうと思いました。カルビン・ベンソン回路のベンソン先生[1]を知っていますか。光合成の炭素代謝経路における重要な発見をした先生です。大学の講演会でお会いしたことがあるのですが、この先生、カッコ良いんです。「僕は毎朝起きるのが楽しみなんだ。なぜかと言うと明日僕は大発見をするかもしれないから、ワクワクしてしょうがない」って言うんです。カッコ良い大人ですよね。80歳を過ぎても明日起きるのがワクワクしてしょうがないということは、学問は一生楽しめるものなんだなって思ったんです。

　僕はそれで、「よし研究者になるぞ」と思いました。学部3年生で仲間に裏切られて、その時に先生に出会って、学問を知り、研究者になろうと決めた。研究者になるなら博士号が必要で、教授になるんだったら東大の方がい

---

1. アンドリュー・アルム・ベンソン（1917-2015）アメリカの生物学者。メルヴィン・カルビンとジェームズ・バッシャムと共に、植物の炭素固定の経路を解明し、カルビン・ベンソン回路として広く知られる。1961年にノーベル化学賞をはじめ数々の賞を受賞。

いらしい。じゃあ東京大学で研究をやろう、ということで移りました。

ポスドク問題を解決すべく、ベンチャーを学ぶ

　ところが、大学院でまた問題にぶち当たります。就職氷河期と、研究者が働けていないというポスドク問題。博士号を取っても大学のポストはないし、就職する先もないという大きな問題が、2000年代から社会的な課題意識としてニュースでも取り上げられるようになってきたんです。研究室の中で先輩を見ていても、博士号取得後にポストに就けず、そのままラボに残っているような方がいました。それで、なるほど、社会が歪んでいるぞと思ったわけです。それが分かっていても、しょうがないやと言ってそのまま研究を続ける人もいるかもしれませんね。でも、それは普通の人。僕は違ったんです。

　この大きな問題をどうしようかな、と。研究ってすごく華やかな世界かと思ったら、実際には研究者が仕事に就くことができないでいるという事実があって、博士号を取った先輩が研究室に残っていた。どうしたんですか、と聞いたら「実は、大学のポストがどんどん減っていて。大学自体が減っていっているから、研究室の数も減って大変なんだよ」と言われて、ヤバイなと思いました。このまま突き進んでいったら自分もポスドク問題にぶち当たる。

　じゃあ、世界を変えちゃおうぜ。これが、僕の考えでした。自分たちでこれらの課題を解決する研究所をつくれないかな、って。会社をつくろうという感覚ではありませんでした。僕は研究者をやりたかったので、博士号を取った研究者が活躍できる世界をつくりたいと思ったのがきっかけでした。研究仲間が減っていくのもおかしいなと思って、自分たちで研究ができる空間をつくろうと。

　そこで、いろいろ調べました。例えばNPO法人という組織をつくることができるとか、株式会社があるとか、NGOというのもあるとか。いろんな組織をつくって仕組み化しようかと思いましたが、そこで出会ったのが「ベンチャー」という言葉です。株式会社にして新しい仕組みをつくったら、こういう博士を全部集めて新しい研究所がつくれるんじゃないか。そう思って僕は、どうやったら会社がつくれるかという勉強に力を注いだわけです。

また全力投球です。バンドをやるならCDを出すまで、とかに匹敵するようなことを、今度は組織づくりでチャレンジすることにしました。当時は、まだインターンシップという言葉はありませんでしたが、ITベンチャーの社長のところに潜り込んだりしました。僕はバイオ系でしたが、当時はまだバイオの会社はありませんでした。ITベンチャーの社長のところに行って、「東大の学生でバイオの研究をしています。ITは分からないですが、ぜひ働かせてください」と言って嫌な顔をされました。それで僕は、「給料はいっさい要りません。システムも分からないので、営業をさせてください。その代わり1ヵ月に1回1時間だけ、社長と話す機会をください。それが僕の報酬です」と交渉したんです。そしたら「面白いね」と言われて「いいよ、来なさい」と、まったくITが分からないバイオ系の人間を雇ってくれました。

僕はアルバイト代が欲しかったわけではなくて、自分で会社をつくった人と話をしたかったんです。会社って何ですか。どうやって会社をつくったんですか。どうやったら世の中を変えられるんですか。こういう質問をどんどんしていきました。どうやって会社をつくるのかがクエスチョンだったからです。疑問があったから、トップに直接聞きたかった。1ヵ月の間にいっぱい疑問が出ます。それで社長と1時間、焼肉に行って話を聞く。

皆さんも目の前の小さなお金を集めるようなアルバイトじゃなくて、経験を手に入れてください。自分が欲しい経験はお金を払ってでもした方がいい。大学にだって学費を払って通っているわけで、ここでできる経験もたくさんある。いろんな経験をしましょう。

学生だけで起業

その後、僕はようやく、同じような考え方、研究者がこれから思いっきり研究できる世界を創ろうという想いをもった仲間と出会い、リバネスという会社をつくりました。リバネスは英語でLeave a Nest、「巣立つ」という意味です。研究者や技術が集まり、ここから社会に飛び立っていけるような「巣」がリバネスです。なんとこの会社から、30社以上の会社を生んでいます。リバネスで最初につくったのは、研究者が活躍できる場。つまり、科学

の教育や自分たちの人材育成、理系の人材がどうやったら活躍できるのかを研究するプラットフォームとしてリバネスをつくったんです。しかも理系の学生15人で。大人は1人も入っていません。僕らは自分たちで勉強して、自分たちで登記手続きをして、自分たちでお金を集めて会社をつくりました。

　先ほど30社つくったといいましたが、実は、相当な数の会社を潰しています。最初につくったのは13年前、当時世界で初めての遺伝子検査の会社でした。投資家から2000万円投資を受けましたが、失敗。その10年後にもう1回、ジーンクエストという遺伝子検査の会社を東大の後輩とつくり、こちらは今軌道に乗っています。

これからはサイエンスの時代

　自分自身のこれまでをちょっと振り返ってみると、いろんなことをやってきました。大学院の時に分子生物学をやって、会社をつくる時はビジネスを学ぶ目的で学生団体 Business Laboratory for Students をつくった。知的財産のマネジメントを学ぶために特許庁でアルバイトもしました。これもすごく大変で、2万円しかくれないのに論文を何十本も読まないといけなかった。あと海外に留学もしたし、その間に先ほどのITベンチャーでのインターンをやったり、遺伝子解析ベンチャーを潰したりしてリバネスを創業しました。

　博士1年から3年までは3足のわらじ状態ですね。大学院と、知的財産の勉強と会社の3つを並行してやって、博士号をストレートで取って、大学院を出た後はそのまま会社1本になりました。基本的な性格としては、やると決めたら全力でやる。ちゃんと目標を設定して。それだけです。失敗したら失敗を認めて次へいく。これが大事です。

　僕は、ビジネスもこれからはサイエンスの世界になると思っています。自然科学だけじゃなく、人文・社会科学を含めたサイエンスの時代です。知的好奇心を満たすものに人間は興味を持ち始めています。皆さんも、物質的欲求はあまりないでしょ。車欲しい人いる？　大きな家に住みたい？　それで満足？　そういう時代は終わりました。

　ビジネスの仕方も、人の生き方も考え方も、どんどん変わっていきます。

仕事の仕方も変わります。20世紀は「事に仕える」のが仕事でした。言われたことを120%やる東大生が一番良かった。でも、それではもうダメです。今の仕事は「事を仕掛ける」ことです。あなたは今、新しいことを仕掛けていますか？　全力で？　言われたことをやるんじゃなくて、自分で考えたことを自分で行動に移していますか？　今は、それが仕事です。考えることをしないただの作業は、仕事ではありません。20世紀は、経済が右肩上がりだった。車を100台作れるところを、120台頑張って作ればボーナスが20%上がる、給料が20%上がるから頑張ろう。これが右肩上がりの経済成長の中にある社会です。しかし、もうそんなところで僕らは幸福感を得られません。新しいことを仕掛けて、それをみんなでニヤニヤしながら楽しむ時代に変わってきています。

　個人個人の脳みその中にある感性や考え方を混ぜ合わせていって新しいことを作るというのが、これからビジネスの基本になります。そして、それがすべての職業の根本になります。ちなみに、20世紀の仕事が「なくなる」ことはほとんどないでしょう。それらはきっと、アフリカやインド、インドネシアのほうに「移って」いきます。また、ある部分はロボットが台頭します。たぶん今、アマゾンの倉庫に行くとかなりの数のロボットが動いていると思います。これからは、脳みそを使う仕事以外はなくなっていくと言われています。でも、人としてはいいんですよ、重労働が減っていきますから。じゃあ人は何をするか。新しい知識をつくる、知識製造業だというのが僕の考えです。僕たちは正解がない世界にやって来ています。この21世紀に、僕たち人間は変局点を迎えるだろうと思います。

全力で目の前のことをやる

　これからを生きるために必要なことはなんでしょう？　簡単です。全力で目の前のことをやることです。情熱を傾けられる課題を見つけたら、それはたぶん楽しいことが起こる兆しです。皆さんが生きている今は、度が過ぎるほどの激動の時代です。もしかしたら戦争の時代の次くらいに激しいかもしれない。あり得ない状態です。大量生産や大量消費は終わり、日本について

言えば、経済は成熟期に達する。もしくは経済成長が落ちていく。日本はこの20年間ほとんど成長していません。

インターネットもこれだけ浸透し、あるのが当たり前になってしまったので、考え方を変えないといけない。なんでインターネットがつながるのに学校同士が一緒に授業をやらないんだろうか。シンガポールと日本で同時に授業があってもいいですよね。なぜそこがつながらないんでしょう。

人々が抱える課題・問題も、もう国境を越えてしまいました。日本では人口が減っていますが、世界的には今73億人の人口が、2050年には90億人以上に達するといわれてます。一番の問題は食料と水、そしてエネルギーです。これは世界規模の課題です。これが解決できないとたぶん大きな戦争が起きてしまいます。

だから、一部の人がグローバル人材になればいい、リーダーシップを発揮するようなイノベーション人材に全員がならなくていい、ではないんです。これは覚えておいてください。皆さんの生きている世界は、僕の生きてきた時代とは全然違います。僕が皆さんに伝えられるのは、「目の前のことに全力で取り組め」ということだけです。それ以外は通用しないと思っています。皆さんの10年後は、僕には説明ができない。絶対にそうなります。ですから、全力でやってくれ、としか言えません。

僕がもうひとつだけ皆さんに言えることがあるとすれば、「自分の感性に従って生きてください」ということです。自分が本当に情熱を傾けられるものがあれば、それで良いと思います。それから、問いを持ち続けること。それだけでたぶん勝手にキャリアは付いてきます。

自分の目の前に、勝手に道ができることはありません。でも、勇気を持って前に向かって歩いてください。ある時振り向いたら、歩いてきたところが道になっている。それがキャリアですよ。これからの時代は道なき道ですから、とにかく前に前に足を踏み出してください。そして、たまに振り向くと「ここまで来たんだ」というのが分かる、というのがキャリアじゃないかな。人生って、あんまり設計するものじゃないと思っています。皆さんも全力で生きてください。

ひとつひとつの選択と真摯に向き合う

2017.12.8 LECTURE

中村 優希
Yuki NAKAMURA

東京大学教養学部附属教養教育高度化機構
自然科学教育高度化部門 特任助教

PROFILE 中学1年でカリフォルニア州へ渡米。2006年12月にカリフォルニア大学バークレー校の化学科を3年半で卒業[1]。東京大学大学院理学系研究科に進学し、透過型電子顕微鏡を用いた単一有機分子の構造解析や炭素物質フラーレンの化学修飾法の開発、並びに触媒反応の開発に従事し、2012年3月に博士課程を修了。博士研究員としてハーバード大学で天然物ハリコンドリン類の新規合成ルートの開発に取り組む。2013年11月より現職に着任し、Programs in English at Komaba（PEAK）の化学実習や有機化学、および一般生向けの全学自由ゼミナールなどの授業を担当する傍ら、固体触媒の研究を行なっている。

無関心からは何も生まれない

　私は神奈川県の出身で、小学2年生の時に父親の仕事の関係でニューヨークに1年間住んでいました。それを皮切りに、これまで4度日本とアメリカを行ったり来たりしていて、通算すると12年半程アメリカで暮らしています。とは言っても、アメリカの中でも東海岸と西海岸の限られた地域にしか住んでいなかったので、そのほかの地域のことは良く知りません。

　その上で、私のアメリカや日本での体験から培ってきた考えをご紹介しますが、これはあくまで私個人の意見だということを覚えておいてください。また今日の話は理系の話になりますが、文系の皆さんも、自分には関係ないということではなくて、自分だったらどう考えるかなというふうに自分に当てはめてみて聞いてもらえると、何か得られるものがあるのかなと思います。1986年にノーベル平和賞を受賞した作家のエリ・ヴィーゼルは、こんなことを言っています[2]。「愛情の反対は憎悪ではなく、無関心だ。芸術の反対は醜さではなく、無関心だ。信仰の反対は異端ではなく、無関心だ。生きることの反対は死ではなく、無関心だ」。無関心からは何も生まれません。ですので、皆さんには関心を持って聞いてもらえると嬉しいです。

意思決定ができる環境に身を置こう

　皆さん、この授業を取っているということはキャリアについて悩んだり、どういう仕事を選ぼうかと迷っている方が多いのではないでしょうか。皆さんはどんな人になりたいですか？　私が常日頃学生さんに対して願っていることは、将来日本の未来を背負って立つ人になってほしいということです。

---

1. カリフォルニア大学バークレー校を honors student（成績優秀者）として卒業。
2. エリ・ヴィーゼル（1928-2016）アメリカのユダヤ人作家。ハンガリー出身。自らのホロコースト体験を自伝的に記す。主な著書として『夜』など。1986年にノーベル平和賞をはじめ数々の賞を受賞。本文中の文章の出典は US News & World Report (27 October 1986) より。

一般的には個人の幸せを追求しがちですよね。もちろんそれも大事なことですが、どうしたら日本を良くしていけるかを考えられる人になってもらいたいなと思っています。

では、そんな人はどんな仕事をするのか。私は、自分で意思決定ができて、自分のアイデアをインプットできる仕事なのかなと思います。小さいことでも良いのですが、自らが何か変革をもたらせるような環境に身を置くことが日本の未来をより良く改善していける仕事につながるのではないかと考えています。要は、受け身ではなくて自分が主体となれるような環境を探すことが大切です。

またこれとは別に、好きなことや得意なことを仕事にするということも重要な要素のひとつだと思います。好きなことというのは内的要素が大きいですが、長時間その仕事をしていても苦ではないことです。楽しいとか、充実していると思える瞬間があることや、仕事をしていて達成感を感じられること、というのが例としてあります。得意なことというのは逆に外的要素が大きい。周りからの評価が高いこと、この分野だったら自分は他の人よりも活躍できるな、と思えることが得意なことです。

理想的には好きなことがイコール得意なことになることですが、そんな仕事をどうやって見つけるのか。私は好きなことを仕事にできたと思っていますが、今のキャリアにたどり着くまでに、どういう経験をしてきたのかをご参考までにお話しします。

化学を好きになったきっかけ

私は中学1年で2度目の渡米をしましたが、中学まではどちらかというと文系科目の方が得意でした。現地では、当たり前のことながら、いろいろな授業を英語で受けます。ことばが分からない中で、数学は数式を理解できれば比較的簡単だということに気付いて、英語力がなくても問題が解ける理系も悪くないのかなと思い始めました。ちょうどその頃に、テクノロジーという授業を取っていたのですが、実験が多いクラスで、電気回路を溶接してつくったり、グループワークで小型ロケットをつくって飛ばしてみたり、そう

いうことが楽しくて何となく実験に惹かれ始めました。

　高校に進学して、一般科学の授業で恩師のミセス・ヘファナンと出会いました。英語が分からない留学生に対しても丁寧に分かりやすく科学を教えてくれる先生で、授業の内容以外のことでも親身になって相談に乗ってくれるような優しい先生でした。この授業を通じて、私は様々な科学分野の中でも、化学が学問的に面白いと感じるようになりました。向こうの高校では、日本の大学のように自分で好きな授業を選択してスケジュールを組むことができるのですが、化学に興味を持ち始めてからは成績が良くないと履修できない化学の授業を複数取って、化学愛を育んでいきました。

　化学の授業は、専任の女性の先生が別におり、こちらはすごく厳しく、質問をしに行っても自分で考えなさいという冷たい印象の先生でした。なので、その先生のお陰で化学好きに磨きがかかったわけではなかったのですが、ただ化学の実験の時に、先生がスーツの上に白衣をパサッと羽織る姿がすごくカッコいいなと思って、憧れを持った記憶があります。あとは実験で薬品を混ぜることで、自分が新しい物質をつくり出しているという感覚に、興奮を覚えました。好きだから人よりも勉強して、得意になる。得意になるので、またより一層好きになってさらに勉強するといった具合で突き進んでいった結果、大学に進学するなら化学しかやりたくないと強く思うようになっていました。

進路で思い切り悩む

　ところが、大学に進学するにあたって日本に帰るか、アメリカに残るかで、思い切り悩みました。日本の大学で化学を専攻するならば理系の勉強を日本語で学び直す必要があったので、それはかなり面倒くさいし、二度手間で時間がもったいない。一方で、アメリカの大学に進学すれば化学を専攻できる。それはすごくやりたいことだけれども、周りの日本人の友人は、ほぼ全員帰国子女として日本に帰る予定だったので、アメリカの大学を受ける人が周りにあまりいないというのがありました。

　また、当時大きな壁を感じていたのが人種差別の問題です。渡米した直後

に、日本人の友人たちとランチをしていたら白人の男の子たちに足元にツバを吐かれたこともあって、自分はこの国にいる以上、外国人であって、どんなに流暢に言葉がしゃべれるようになったとしても、あくまでも一人のアジア人でしかないということを強く感じていたので、すごく悩みました。

そんな時、学校のカウンセラーに「せっかく成績が良いのに日本に帰ってしまうなんてもったいない。UC（カリフォルニア大学）系列ならひとつの願書で何校も受験できるから、そこだけでもトライしてみないか」と言っていただきました。恩師のミセス・ヘファナンに相談した際にも「万が一、ご両親が日本へ帰国してしまっても、私があなたのアメリカでの後見人になってあげるから頑張ってほしい」という温かい後押しもあって、努力していれば肌の色も関係なく、自分を認めてくれる人がいるんだと勇気付けられ、UC系の大学の化学科を受験しよう、と意を決しました。

勉強漬けの学部時代

私は、ダメもとでとりあえず、ということでUC系しか受験しませんでしたが、幸い複数の大学に合格することができました。そこで、それぞれの大学の特色を調べてみたところ、UCバークレーは、アメリカの公立の大学の中でランキング1位、特に化学科においては私大も含めて全米第1位ということが分かりました。アメリカの大学というと、ハーバード、スタンフォード、プリンストンなど、アイビーリーグ系の大学をイメージする方が多いかと思いますが、意外なところですごい大学にめぐり会えたわけです。そんなレベルの高い大学でやっていけるのかいささか不安はありながらも、せっかくなら1番良い環境へ行こうということで、バークレーへの進学を決めました。なお、学部生の男女比は女性の方が若干多い学校なので、日本の大学の化学科とはだいぶ雰囲気が違います。

大学のカリキュラムはすごくしっかりしていて良かったのですが、入学してからは勉強漬けの毎日でした。期末前から試験期間中にかけては、校内の図書館が24時間体制でオープンになります。期末試験はひとつの授業に対して3時間あり、3時間あっても解ききれないような量の問題が出ます。試

験対策のために、泊まり込みで勉強する学生で図書館の席が埋まってしまうくらいみんなが猛勉強していて、私も必死で勉強をしていました。

入学当初はサークルにも入りたいなと思っていたのですが、とてもではないけれどそんな余裕はありませんでした。日本人クラブというものに入っていたのですが、毎学期参加できた活動としては学期始めのウェルカム・パーティーと期末が終わった後の集まり程度でした。こんな調子で学期中はほとんどサークル活動に参加することもなく、勉強三昧の日々でした。

研究室のボスと人名反応との出会い

日本の大学では、理系の学生さんは4年生になったら卒業要件として研究室に自動的に入ることになるのが一般的かと思いますが、バークレーでは、大学院に進学する場合のみ必要でした。また、いつから研究をスタートするのかは学生の自主性に一任されていました。卒業間近の4年生からスタートする人もいれば、中には早い人で1年生から学部研究を始める人もいて、本当に人それぞれでした。ですので、卒業後に大学院に進学したいのか、就職したいのかを、早い段階で自分で選択して決断する必要がありました。

進路や研究のタイミングを完全にコントロールすることができるので、自由度が高い。その反面、自分の選択に責任を持つ必要があって、手取り足取り教えてくれる制度はないという点においては、厳しい環境です。

私の場合は、授業のペースがつかめてきた2年生から研究をスタートしました。化学の中でも、一番興味が湧いた有機化学の授業でお世話になっていた大学院生TA(ティーチングアシスタント)のクリスティーンを頼りに、彼女が働いていたF・ディーン・トースト先生[3]のところで研究させてもらうことになりました。週に5〜6日、たまに土曜日も行っていましたが、授業の合間や放課後に研究をするという生活を送っていました。

---

3. F・ディーン・トースト(1971-)有機合成化学、有機金属化学の分野で活躍するアメリカの有機化学者。均一系の金触媒など、有機金属触媒を用いた反応開発の研究で知られる。カリフォルニア大学バークレー校の教授。アメリカ化学会賞をはじめ、数々の賞を受賞。

そんな中、「Advanced Organic Chemistry」という上級の有機化学の授業をボスのディーン（トースト先生）が教えるということで取ってみたのですが、そこで「人名反応」ということばを知りました。有機化学には、これまでに存在しなかった反応を見つけていく反応開発という研究分野があります。最初に反応を見つけた人の名前がその反応の名前になるのですが、ノーベル化学賞を受賞した野依不斉水素化反応、鈴木・宮浦カップリング、根岸カップリングなどは皆さんも聞いたことがあるかもしれません。人名反応を授業で学んでいく中でたくさんの日本人の人名反応があることを知って、日本人化学者の凄さを初めて目の当たりにしました。

思い立ったら行動してみる

これがきっかけで日本の化学界が気になり始めて、ある日、ディーンに「日本に反応開発の分野で面白い研究をやっている先生を知っていますか？」と尋ねたところ、「中村栄一先生[4]」——東大理学部にいる先生ですが——、「中村栄一先生は素晴らしい研究をやっているよ」と教えてもらいました。そして、私が研究を始めてから間もない夏休みにタイミング良く、中村先生がホストである講演会でディーンが講演するということで、「一緒に来る？」と誘ってもらったので、「ぜひ行きたいです」とお供させてもらい、日本で中村先生と直接話をする機会をいただきました。

日本ではどういう研究生活を送っているのかを実際に知りたいと思い、「来年の夏にインターンとして来てもいいですか？」と中村先生に直談判させていただいたところ「ぜひどうぞ」ということで、翌年の夏に中村研究室でインターンをさせてもらうことになりました。インターン期間は2ヶ月という短い期間ではあったのですが、日本で反応開発の研究にも触れることができて充実した時間を過ごせました。

---

4. 中村 栄一（なかむら えいいち、1951-）有機反応の開発からナノサイエンスにわたり幅広く活躍する有機化学者。東京大学総括プロジェクト機構・大学院理学系研究科の特任教授および名誉教授として研究に従事。2009年に紫綬褒章を受賞するなど数々の賞を受賞。

バークレーに戻ってきてからは、進路について考えました。研究に携わる仕事をしたいという気持ちは固まっていたので、大学院に進学することは決めていたのですが、アメリカに残るか日本に帰るかでまた悩みました。いろいろと考えをめぐらせた結果、もともと日本人科学者として日本のために何か貢献したいという気持ちが強かったので、インターンでもお世話になった中村研究室への進学を決めました。

慣れない研究環境にカルチャーショックを受ける

　実際に日本に帰国してきてからは、予想していた以上に環境に慣れるのに時間がかかりました。インターンをさせていただいていたものの、もともと女性が多いバークレーの環境から、研究室のメンバーおよそ40人中女性は私を合わせて2名しかいないという初めての環境へ。それまで当たり前だったレディーファーストの習慣は皆無でした（笑）。その上、日本語の敬語や丁寧語に加えて化学用語も分からないということで、カルチャーショック再び到来状態でした。

　研究テーマとしては、反応開発を希望していたのですが、興味の幅が狭いと研究者としても大きくなれないということで、それまで自分がまったくノータッチだった分野を担当することになりました。どういうことをやっていたのかを簡単に言うと有機分子の動きや構造を見るという、当時中村先生がその手法を世界で初めて確立されたばかりだった、ホットな研究です。それまで、何千億個、何千兆個の有機分子の平均的な挙動を測定する方法はあったのですが、たったひとつの有機分子を観察するというのはなかなかできなくて、すごく難しいことでした。それを、透過型電子顕微鏡という測定機器と有機合成の知識とをうまく組み合わせることで、単一の有機分子の動きや構造が分かるようになるのです。解像度は低かったですが、分子が動いている画像を見た時は、確かにこれは歴史的にもすごいことだと感動しました。今有機化学で日常的に使われている解析法も、初めに発見された時は解像度やクオリティーが低かったのですが、テクノロジーが発展していくにつれて使いやすく、クリアに分析することができるようになっています。将来的に

は、この新しい手法を用いることで、どういう形の分子ができているのかが目で見て分かるようになるかもしれない。そういった意味で、やりがいや重要性を感じてはいたのですが、当時の私はやっぱり反応開発をやってみたいという気持ちが強くて、どうしても 100% の興味が持てませんでした。それでも、研究はしないといけない。本当に今自分が見ているものが目的の有機分子なのかどうかの確証がなかなか得られずにモヤモヤしつつも、なにくそと思って、研究が佳境にさしかかってからは、お昼も食べずにずっと構造解析のシミュレーションに没頭して、ようやく論文発表まで至りました。

尊敬する人の声に耳を傾けてみよう

そんなこんなで、修士1年の終わりを迎えたのですが、この頃には仲の良い同期が就活を始めるわけです。日本に帰ってきた当初は、博士課程に絶対進もうと決めていたのですが、やりたいことができないのなら就職して企業で世の中の役に立つような、製品につながるような研究をした方が良いのかもしれないと思ったり、もともと希望していた反応開発にやはり未練があったりもして、進路に迷い始めました。

就活も経験だしやってみようと思って、こっそり始めたわけですが、「なぜ博士課程に行かないのか」ということで、私の考えには大局観が欠けていると、先生に諭されました。また、中村研でインターンをさせていただいた際にお世話になっていた、吉戒直彦先生[5]という反応開発グループの先生の「今企業に行っちゃうのはもったいないよ」という言葉が結構刺さりました。当時は、就職するか博士課程へ進学するかは個人の自由だし、自分で選択していきたいという気持ちが強かったのですが、研究を始めてからたかだか1〜2年しか経っていない時期に、将来のことを自分の主観だけで判断するというのも、難しいのかなと今は思っています。時には、周囲の尊敬できる、

---

5. 吉戒 直彦（よしかい なおひこ、1978-）遷移金属触媒を用いた有機反応の研究で知られる有機化学者。現在はシンガポールの南洋理工大学化学・生物科学科の准教授として海外で活躍。日本化学会進歩賞などを受賞。

その道のプロの言葉に耳を傾けることも重要です。私は、あの時に先生方に自分の適性について第三者の立場から冷静に助言していただけたことを、本当に感謝しています。

辛い時こそ初心に戻ってみる

　博士課程に進学すると決めたわけですが、どうしても、反応開発をやりたい旨を中村先生にお伝えして、「じゃあ今の仕事を論文としてまとめたら、ドクターから研究テーマを変えても良い」ということで、なんとか論文をまとめて、念願の反応開発をスタートすることができました。

　ところが、そこから苦しい日々が続き、成果がなかなか出なくて自信を喪失してしまいました。研究は、99％が失敗で1％しか成功しないと良く言われていますが、私も例に漏れず、思うような成果が出ない時期が続きました。「反応開発をやりたいと言っていた割に、全然結果が出ていない」という自分の中でのプレッシャーもあり、すっかり自信を失くしてしまったのです。そんな中、どんなに辛くても反応を仕込んでいる時だけは少なからず楽しめていたというのがあって、何とか続けられていました。

　博士課程を修了する頃には、卒業後の進路でまた悩みました。このまま研究者としてやっていけるのだろうか。そもそも、自分は研究を続けていきたいのだろうか。そんなことを自問自答する日々を卒業の半年ほど前から送っていました。そして悩んで考え抜いた結果、アカデミアの道に進むにせよ、企業へ就職するにせよ、まだ研究というものに未練があるということに気付きました。研究者としての素質があるのかどうかを、いっそのこと今の環境をガラッと変えて見極めてみよう、ということで海外へポスドクに行くことを決意しました。その時に原点に戻るではないですが、自分が初めに日本人化学者はすごいなと思えた人名反応に着目しました。どうせ行くなら厳しく指導してくれそうな先生のところで自分の力を試したいと思い、野崎・檜山・岸カップリング反応でも著名な、有機化学界の大先生であるハーバード大学の岸義人先生[6]の研究室を選び、1日掛かりの面接を経て晴れてポスドク研究員として雇っていただきました。

アメリカでは、環境を変えることがとても好まれます。環境を変えてネットワーキングを行って人脈の輪を広げることや、これまでと違った場所で経験を積んでまったく違った視野を取り入れることが、キャリアアップの面で重要だという考え方です。例えば、アメリカ国内であったとしても、高校や大学が西海岸だったら、大学や大学院はカルチャーがまったく異なる東海岸へ行くといった感じで、環境をガラッと変えることが推奨されています。そういう観点からも、アメリカの中でも以前暮らしていた西海岸ではなく、東海岸の研究室をポスドク先として重点的に探しました。

女性科学者ではなくて一人の科学者として

ポスドク先の岸先生は、日本人としてハーバード大学で名誉教授まで登りつめられた先生で、80歳になられた今（2017年現在）でも現役で活躍されています。お世話になった当時は76歳でしたが、月曜から土曜日まで毎日朝8時から夜8時まで研究室に来られていて、グループメンバーひとりひとりと研究のディスカッションをされていました。ひとつの探究したいテーマについて、フィロソフィーを持ってとことん掘り下げて研究されている先生でしたので、直接指導していただくことができて、すごく刺激を受けました。

厳しい先生で有名だったのですが、研究室に入った直後に先生に、「泣いてしまうことがあるくらい辛いかもしれないので、ティッシュを1箱か2箱用意しておいた方が良いですよ」と冗談交じりに言われて、当初はかなりビビりました（笑）。実際に厳しくはあったのですが、私はどちらかというと自分が目指すべきゴールが明確な方がそこに向かって努力できるタイプなので、そのための厳しさについては意外と楽しむことができて、失っていた自信もじわじわと回復することができました。

---

6. 岸 義人（きし よしと、1937-）天然物化学、有機合成化学の分野で活躍する有機化学者。フグ毒のテトロドトキシンの全合成や、野崎・檜山・岸反応の開発などで知られる。ハーバード大学化学・生物化学科の名誉教授。2013年に瑞宝大綬章を受賞するなど、数々の賞を受賞。

これは今でも心の支えになっている先生からのことばですが、「あなたは女性科学者ではなくて、一人の科学者ですよ。研究に性別は関係ありません」と言っていただけたことが、かなり響きました。日本にいた頃は、女性だということで良くも悪くも特別視されていたこともあって、女性科学者として自分には何ができるのだろうと考えるクセがついてしまっていたので、一人の研究者として認められたことは、すごく大きなことでした。また、自分が何をできるかを考える時に、性別を理由にして選択の幅を自ら狭めてはいけないということにも気付かされました。

ナニをドコでしたいのか

　ポスドクの先には、就職があります。ポスドクになって1年が経った頃に、この先どういうことをどこでしたいのかについて考えました。まずひとつめは、資源へのアクセスが乏しい日本のために、科学者として貢献したいということ。学部生の頃からの目標ですが、役に立つ新しい反応を日本で見つけたいという想いが相変わらずありました。もうひとつは、日本の科学教育をより良くしたいということです。実は、修士1年の頃に中村先生のすすめで、アメリカの教育システムについて記事[7]を書かせていただいたことがありました。その時から芽生えていた気持ちかもしれませんが、自分の特性として、長年のアメリカでの経験を生かし、アメリカの良いところと日本の良いところとを組み合わせて、グローバルに活躍できる人材育成に日本で携わりたいという、2つめのやりたいことが出てきたのです。

　この2つを叶えるためには、日本のアカデミアで、研究と、できれば英語で教育がしたいという結論に至りました。ちょうどそんなことを考えていた時期に、東大での公募を知りました。大学院生の頃に、国際学会でアメリカの教育についてのプレゼンをしたことがあったのですが、その時に東大の総合文化研究科の尾中 篤先生[8]が私の発表を聞きに来てくれたのがきっかけで、

---

7. 中村 優希（2008）「米国の化学教育システム——高校〜UCバークレー校化学科での体験から」、現代化学、451、52-57.

その後もいろいろと気に掛けていただいていました。その尾中先生から、海外で教育を受けてきた学生を英語で教育する Programs in English at Komaba（PEAK）で、化学の実習を担当してくれる人を探しているということで、「東大でこんなポストの公募がありますが、応募してみませんか？」と教えていただきました。また研究については、尾中先生の研究室のスペースをお借りして行っていいとすすめていただいたのです。

尾中研では、ゼオライトという規則正しい細孔、いわゆる穴を持った材料をうまく利用して反応開発を行っています。ゼオライトの穴の中に小さい分子を閉じ込めて反応させてやることで、液体中で反応する時とは違った反応性や特性が出てくる。尾中先生のもとで反応開発の研究をして、なおかつ英語で化学を教えられるということで、まさにやりたかったことが2つとも叶うではないかと、応募することに決めました。これが今の仕事です。

こんなふうにキャリアを歩んできましたが、振り返ってみると、環境を変えることで様々な発見があって、それが成長にもつながってきたことをつくづく感じます。また、結局一番辛い時期でも自分で手を動かして実験をしている時は楽しかったということで、自分にとって研究は好きなことで、得意なことかどうかはまだ分からないですが、これからも頑張って得意なことにしていきたいなと思っています。あとは、教育面でアメリカでの経験を生かすこと。これは私にしかできない特性で、今いる環境では自分のアイデアをインプットできるので、得意なことかなと思っています。こんなふうに今思えているのは、要所要所でしっかりと考えて自分で納得のいく答えを出してきたからなのかなと感じています。

留学から得られること

皆さんが近い将来、社会に出た時に、海外とまったく関わらない仕事をす

---

8. 尾中 篤（おなか まこと、1952-）触媒化学、有機合成化学の分野で活躍する有機化学者。現在は、東京農業大学生命科学部分子生命化学科の教授としてゼオライトなどの多孔質物質を反応場として利用した触媒反応の開発に従事。触媒学会奨励賞などを受賞。

るのは難しいことかもしれません。日本の企業に就職したとしても海外の会社や提携先の動向を視野に入れて仕事をしていく必要があるかもしれませんし、国際化が今謳われている中で、日本国内だけで完結する仕事を選ぶことは難しいと思います。なので、日本の外に出て学んで、良いものを日本へ持って帰ることは結構重要なことです。

では、留学することで何が得られるのかというと、海外に行くことで世界から日本を見ることができるという点がまずあります。第3の視点から日本を見ることで得られる発見もありますし、日本国内の常識がいかに海外では通用しないのかを肌で感じられます。また、多種多様な人がいる環境で自分の特性を見出して何をインプットできるのかを考えられる、大きなチャンスにもなります。

でも、ただ単に海外に行って生活してきましたというだけでは学びにはならないのかなとも思っています。海外で生活してきたというのは、旅行とかその延長線上に過ぎません。では、留学で学びを得るためにはどうすれば良いのか。これまでとはまったく違う場所で、何らかの形で自分が評価される環境に身を置き、目的を持って自分の興味のあることや修得したいことをとことん追究しチャレンジすることだと思います。評価されていないと成長にはつながりにくい。個人的に、語学留学は留学の原動力としては弱いように思っています。語学を修得するためだったら、日本の英会話スクールに行けば十分なので、例えば、海外の研究室で頑張りたいとか、新しいスキルを身に付けたいとか、こういった分野で有名な先生のところで学びたいとか、そういう理由付け、目的を持って行くことが留学の醍醐味なのだと思います。

日本でも海外の文化に触れられる

それでも海外に行くのはたやすいことではありません。時間も労力もかなりかかりますし、お金もかかります。ですが、実は日本にいても海外の文化に触れることはできます。私は今PEAKで海外の高校から東大へ入ってきた学生さんを教えていますが、PEAKの授業は留学生だけではなく東大の学生であれば誰でも履修できます。外国人の先生を中心に、いろんな科目を英語

で教えてくれますし、学生さんもアジア、オーストラリア、ヨーロッパ、アメリカなど、様々な国から多様な考えを持った人が集まっています。

　PEAK の授業をお試しで取ってみて、自分とは異なる考えを持った人たちと交流することで視野も広がります。わざわざ苦労して海外へ行かずとも、日本で留学を体験することができる絶好のチャンスなので、興味のある人はPEAK プログラムをぜひ見てもらいたいと思います[9]。

キャリアは選択の積み重ね

　キャリアとは仕事だけで完結するものではなくて、その人の生き方や生き様そのものです。私は恋愛や結婚などのプライベートも込みでキャリアなのだと思っています。キャリアを築いていくということは、自分で選択していくことの積み重ねです。どういう条件を優先させたいのかを自問自答して考えていくことが大切になります。

　たとえ苦労して良い仕事を選んだとしても、男女問わず、パートナーによっては働き続けることが難しくなる可能性もあります。そういう意味で、プライベートにおいても考えて選択していくことは実はとても重要です。私のパートナー選びの条件は、「仕事を理解しサポートしてくれて、仕事の話が共有でき、そして自分を一番大事にしてくれる人」でした。どんな条件を優先させるのかは、年を重ねるうちに変わっていきますし、皆さんにはいろいろと経験を積んで、自分にはこういう相手が合っているとか、実はこういう人がタイプだったんだというのを発見していってほしいなと思います。

　今日は私の体験を中心にお話してきましたが、皆さんに覚えておいてほしいのは、小さくてもいいので自分のアイデアをインプットすることで変化をもたらせる環境へ行って活躍してほしいということです。そのためにも、留

---

9. 近年、海外から日本へ留学してくる学生は増え続けている。東大の PEAK に限らず、他大学でも国際化を意識した英語のプログラムが充実しており、また、学生だけに留まらず、海外から日本へ渡航してきた方たちと国際交流ができる場がたくさんある。ぜひ、積極的に参加していただきたい。http://www.clair.or.jp/j/multiculture/association/rliea_list.html（2019 年 2 月 4 日閲覧）

学したり今いる環境を変えたりすることで、自分の特性を知ってスキルアップをしていってほしいですし、日本にいながらも海外の文化に触れられる機会を有効活用していってもらいたいと思います。

　最後に、思い切り考え抜くために考える習慣を付けてください。私は何かを考えたい時はひたすら歩いたり、ひとりでゆっくりと湯船に浸かったりしています。皆さんにも、考えることに没頭できるお気に入りの場所や方法を見つけてもらいたい。そして、今後のキャリアで大事な選択を迫られた時に、考え抜いて納得のいく答えを見出していってもらいたいなと思っています。

CAREER WORKSHOP Part 1

キャリアワークショップ Part 1

未来の仕事を創り出せ！
キャリア学習ゲーム　ジョブスタ
Create your star job

福山　佑樹 Yuki FUKUYAMA

PROFILE　早稲田大学大学院人間科学研究科博士課程修了。博士（人間科学）。専門は教育工学で、主にゲームを使った教育・学習教材の開発と評価に取り組んでいる。主な著書に、『ゲームと教育・学習』（ミネルヴァ書房）、『職場学習の探求』（生産性出版）など（いずれも分担執筆）。キャリア教室担当当時は、東京大学大学院総合文化研究科・教養学部附属教養教育高度化機構アクティブ・ラーニング部門特任助教。2018年4月より、明星大学明星教育センター特任准教授。

　テクノロジーの進化、グローバル化の進展、人口構造の変化など、社会が大きく変化している今、働き方や生き方に対する考え方も変わりつつあります。今10代の皆さんが30〜40代になる頃には消えている仕事、新しく生まれている仕事がきっとあるでしょう。例えば人工知能の発展により、ホワイトカラーの仕事が置き換えられるとも言われています。これから学生の皆さんが生きていく社会はそのような未来の社会です。では、そのような未来ではどんな仕事が必要とされているでしょうか。
　「教養学部生のためのキャリア教室」では、強制発想法で未来の仕事を考えることを通して自分のキャリア観を再認識するキャリア学習ゲーム「ジョブスタ」を使ったワークショップを実施しています。本コラムでは、当該ゲームの開発者であり、ワークショップのファシリテーターも務めた福山佑樹氏に、ジョブスタを使ったワークショップについて紹介いただきます。

ジョブスタって何？

ジョブスタとは簡潔にいうと、将来の社会状況（イベント）、主要産業（インダストリー）、基本的な職業（ジョブ）を表した3種類のカードを使って「未来の仕事」を創りだすゲームです。

イベントカード

「ロボットの普及」や「少子高齢化社会」など近い将来に起こる（すでに起こりつつある）社会に影響を与えるイベントを記述したカードです。

インダストリーカード

「農業・林業・漁業」や「情報通信業」など産業分野を表したカードで、プレイヤーはこのカードに示された産業における新しい仕事を創造します。

ジョブカード

「デザイナー・アーティスト」や「エンジニア」など新しい仕事を考えるための基本となるジョブ名を記述したカードです。

ゲームは3〜5人が一組になって行います。まずはひとりに5枚ずつジョブカードを配ります。その後、イベントと産業（インダストリー）が提示され、その状況で活躍できる新しいジョブを、各自の手持ちの職業カードの中から選んで自由に発想します。例えば、イベントとして「ロボットの普及」、インダストリーとして「農業・林業・漁業」が提示された場合、プレイヤーは「ロボットの普及が進んだ社会の中で農業・林業・漁業の分野で活躍できる未来の仕事」を、最初に配られた5枚のジョブカードの中からひとつ選んで新しく創ることになります。

仕事を作成した後は、お互いに自分で考えた職業の魅力を短時間でプレゼンし合います。

その中でそれぞれが1番気に入った仕事に投票を行い、規定のラウンドが終了した時にもっとも多くのポイントを持っていたプレイヤーが勝者となります。

ゲーム参加者の将来目標設定や自分の強み理解への効果は実証研究で示されており[1]、「教養学部生のためのキャリア教室」では、2回目以降に多様なゲストによる講義を聴くにあたって、自身の現時点での関心の幅を意識し、その上で興味の幅を広げてもらうために、初回授業のガイダンスの一環として実施しています。

東大生の創った仕事例

実際の授業の中で、東大生が考えた職業をいくつか紹介します。
（授業内で発表してくれた学生のコメントを一部編集しました）

仕事1「老若男女仲介役」（ジョブカード：ティーチャー、インストラクター）
（イベント：少子高齢化、インダストリー：指定なし）[1]

急速に技術発達が進んでいく中で、今のスマートフォンのように、おじいちゃん・おばあちゃんには使い方の分からない技術が今後いっそう増えていくと思うんです。そういう技術の使い方を伝えてあげるかわりに、羽子板とか、昔の文化を子どもに逆に伝えてもらったりする。少子高齢化の社会では、若い人とおじいちゃん、おばあちゃんの仲介役になれる職業があるといいのかなと思いました。

仕事2「アクシデントドライバー」（ジョブカード：ドライバー）
（イベント：ロボットの普及、インダストリー：観光・食）

ロボットが普及した社会の旅行や観光を想像すると、ロボットによって乗り物の事故率が減ったり定時運行率が上がって、旅が基本的にはすべてダイヤどおりに進んでしまう。でも、それでは旅にアクシデントが全然なくなってしまい、かえって面白くないのではないかと思いました。そこで私のつくった仕事である、「アクシデントドライバー」は、ひょっとしたらアクシデントが起こるかもしれないドライバーです。飛行機に乗ったらひょっとしたら変なところに不時着したり、変な空港に行ったりするかもしれない。ドライバ

---

1. Toru Fujimoto, Yuki Fukuyama, Satoko Azami (2015) Game-Based Learning for Youth Career Education With the Card Game "JobStar". *Proceedings of The 9th European Conference on Games-Based Learning*, pp. 203-209.

ーだったらどこへ行くか分からないドライブをしてくれるかもしれない。この職業に依頼することで旅のわくわく感を与えてもらうことができるような仕事です。

仕事3「観光教育アシスタント」（ジョブカード：エンジニア）
（イベント：観光立国、インダストリー：教育・保育）

　この仕事は主に学校向けのシステムを開発するエンジニアです。例えば、観光立国化された日本では、小中学生でも日本のどこがどんな観光地かというのを詳しく知っておく必要があると思います。このエンジニアは観光地のまとめサイトに出ているような情報だけでなく、例えば、観光地の歴史や観光地の周りにどういうものがあるか、どういう人が住んでいるかなどということも詳しく学べるようなシステムを提供してくれます。このような仕事が新しく生まれればいいのではないかと考えました。

東大生の反応例（2015年度ミニッツレポートより抜粋）

- ジョブスタで現在の自分の視野がとても狭く、特定の仕事のことしか知らないことを思い知らされた。
- かつてなかった「新しい仕事」に就いている人がなぜその仕事に就くことになったのか、（授業で）話を聞くのが楽しみになった。

　このようにジョブスタでは条件を設定することで、大学生でも「未来の仕事」を創造することができます。読者の皆さんはもしかすると、つくられた仕事を見て「どうやってお金を稼ぐんだ」とか「既にある仕事だ」と思ったりするかもしれません。しかし、ジョブスタの目的は「実用的で斬新な未来の仕事」をつくることではなく、普段考えるのとは違う方法で仕事について考えることで、「自分の仕事についての価値観」を見つめ直すことです。授業ではそのために振り返りの時間を設けています。

ゲームを振り返ることで、自身の興味がわかる

　ゲームは単に遊ぶだけでは、楽しかったなという印象で終わってしまいます。そこで、授業では、前述したように、ゲームプレイ後に自分に引きつけるための振り返り活動をしています。本キャリア教室での振り返りの目的のひとつは、自分の興味の確認です。ゲームの中ではいろいろなカードが登場します。このカードは考えやすかった、ぴんと来たなとか、このカードは知らない、何だかよく分からないなというのがあるか、学生自身に振り返ってもらいます。その上で、自分の興味・関心に引きつけて、なぜそのカードが考え

やすいのか、考えにくいのかということを考えてもらいました。この産業、職業についてほとんど知らなかった、これは興味がなかったけれどもスッとアイデアが出てきたから意外と向いているのかもしれないとか、そういった新しい発見が得られるのもジョブスタの特徴です。

　ほかには、「各グループがゲームで創出した、たくさんの新しい仕事」の中から、1番やりたい仕事、1番やりたくない仕事はそれぞれどれか。またその理由は何か。ということを振り返ってもらいます。そうすると、仕事に対して、やりたい、やりたくない、やりたいけどできない、など様々な感想が出てきます。やりたい仕事だけでなく、「こういう仕事はやりたくない」という思いが人生を決めることもあります。逆に今の状態ではできないけれども、やれるならやりたい仕事があるのであれば、チャレンジする余地があると思います。私自身も大学時代に研究開発職につきたいと思ったのですが、そのためには専門的な技能や知識が必要ということに気付き、大学院に進学したということがありました。

　本稿ではジョブスタと授業で実施したワークショップについて簡単に紹介しました。ジョブスタを体験した学生たちがまだ見ぬ仕事を創り出す日が楽しみです。

CHAPTER

II 社会の基盤を つくる
――環境を生かして
やりたいことを実現する

　本章では社会の基盤づくりで活躍されている先輩のお話を集めています。大企業や公的機関、国際機関でインフラ形成を通して日本や世界の屋台骨を支えながら、どの先輩もその環境を多彩に生かして自身のやりたいことを実現されています。

三菱重工グループの八木田寛之氏は、世界中の火力発電所のメンテナンスに従事しています。八木田氏の目に映る「大企業」の社内風土や、世界で仕事をする中で多様な価値観に触れた話は、「自分で見て聞くこと」の大切さを学生が認識した講演でした。

　経済協力開発機構（OECD）の村上由美子氏は、主に金融をフィールドに海外で公的な仕事と民間の仕事を行き来しています。「日本的」なキャリア制度との違いや日本人として国際機関で働く意義の話から、多くの学生が自分でキャリアを主体的に築くことの意味と責任という気付きを得ていました。

　公正取引委員会の神田哲也氏は、競争というルールのもとでの社会の基盤づくりの価値、そして国家公務員として公益という「皆のために働く」ことを選択した経緯を話されました。自分の役割や幸せを知ること、競争を通じて自分の強みを知ることの重要性は、学生が自分を振り返るヒントとなりました。

　国際協力機構（JICA）の小川亮氏は、主に開発途上国への日本からの援助（政府開発援助）に携わっています。バックパッカーでの旅の体験をもとに投融資という形で世界のインフラづくりや人づくりの支援をする仕事を選んだ話によって、自分を振り返ってみて楽しかったことから将来を考えるという視点を示して下さいました。

　本章から、人は個人としてだけでなくコミュニティや周囲の人々との関係の中で生きていることがわかるでしょう。キャリアを築く上で自分の役割は何か、どこに重きを置くのか？を問い直すきっかけにしてみてください。（岡本佳子）

世界を回る国境なきエンジニア
2017.1.6 LECTURE

八木田 寛之
Hiroyuki YAGITA

三菱重工グループ（三菱日立パワーシステムズ株式会社）
グループ長代理（所属は講演当時）

PROFILE 1979年生まれ。2000年旧東京都立航空高専機械工学科卒業、同年三菱重工業株式会社入社。ごみ焼却工場の設計、火力発電所のアフターサービスで世界をめぐり、10年間で35カ国135万km（地球34周分）を走破。また、事業戦略立案および新ビジネス創出のプロジェクトリーダーにも従事。2014年1月より現職。中東諸国向け省エネルギー政府ミッションで、日本代表技師団に3度選出。慶應義塾大学大学院システムデザイン・マネジメント研究科修士課程修了（システムエンジニアリング学）、同院で2012年～2014年非常勤講師。東京大学大学院工学系研究科技術経営戦略学専攻博士課程中退。PMP (Project Manegement Professional)。NPO国境なき技師団正会員。

インフラを支える大企業

　今日のキャリア教室のキーワードは「大企業」です。三菱重工グループという長い歴史のある大企業の雰囲気を感じ取っていただき、キャリアを考える時の参考にしていただければと思います。三菱重工の売上は約4兆円（2016年度）で、売上の約半分を海外が占めています。取り扱っている製品は約500製品（2018年時点）あります。火力発電や自然エネルギー発電、航空機の主翼、HⅡA/Bロケット、船、ゆりかもめなどの全自動無人運転車両、フォークリフトなど企業や政府を相手にする製品や、エアコンのような一般消費者が買う製品まで、幅広く社会インフラに関するものをつくっています。

　映画の『風立ちぬ』[1]の航空技術者である堀越二郎は三菱重工のエンジニアでした。航空機事業は会社としてはこの映画の時代から現代まで続いている歴史ある事業ですね。それから小説・ドラマの『下町ロケット』[2]。阿部寛扮する町工場の社長さんと共に最後には協力する「帝国重工」という企業は、三菱重工がモデルではないか？と世間では言われています。そして映画の『シン・ゴジラ』[3]。この映画に出てくるような戦車は、三菱重工では特殊車両という製品として扱っています。それから皆さんもきっとよくご存じの東京スカイツリーでは、地上600mで突風や強風による揺れを抑制する制振装置、時速200km以上で走行する新幹線の空気式ブレーキや、自動車のターボチャージャーも手がけています。国産初の民間ジェット旅客機MRJ（三菱リージョナルジェット）や、重作業等向けパワーアシストスーツなども近年開発しています。これらの中で、学生の皆さんが当社がつくっているものだと知っていたもの、知らなかったもの、あったと思います。社会インフラ

---

1. 宮﨑　駿（監督）(2013)『風立ちぬ』、スタジオジブリ。
2. 池井戸　潤（2010）『下町ロケット』、小学館。ドラマ化はWOWWOWで2011年、TBS系で2015年。
3. 庵野　秀明（総監督）(2016)『シン・ゴジラ』、東宝。

は生活を支える基盤であり、生活に溶け込んでいるものです。ですから、それを手掛ける三菱重工があまり表に出てこないのも不思議ではありませんよね。

「国境なきエンジニア」

　僕はこれまで言わば「国境なきエンジニア」として35ヵ国に出かけ、世界を13周しました。総移動距離では約135万km、地球を約34周分移動していることになります。訪問した国は、北米、中南米、アジア、中東、東欧、西欧、アフリカなどです。インフラの仕事の良いところは、世界中に仕事があることです。皆さんの中で発展途上国と言いますか、工業化がこれから進むような国で仕事をしたいと考えている人は、インフラ系の会社に入ると、まず間違いなく海外へ行くチャンスがあると思います。

　さて「国境なきエンジニア」とは具体的にどのような仕事なのでしょうか。僕の場合は、世界中にある火力発電所の機械をメンテナンスすることが仕事です。例えていうと、これら発電所の「お医者さん」のような仕事をしています。なぜ火力発電所が必要かというと、電気をつくるためですね。照明、電車を動かす、生活に必要なドライヤーやテレビ、スマホ、すべてに電気が必要です。つまりあらゆるところで電気が必要なので、インフラの仕事をしていると、仕事のフィールドは世界中にあるということになります。

　30〜40年前、日本の火力発電所が盛んに輸出されましたが、それらがまだ世界各地で現役バリバリで動き、社会を支えています。ざっくりいうとひとつの発電所（約100万kWと想定）があれば、約30万世帯（1世帯あたりの電力3kWで試算した場合）の電気を供給することになるのですが、これら発電所が長期間の稼働を経て、現在大規模なメンテナンスをしなければならない時期に入っています。発電所内にはボイラー、蒸気タービン、ガスタービン、発電機など様々な機械があります。機械は使っていると徐々に劣化しますから、メンテナンスをしていかなければなりません。いきなり火力発電所が1ヵ所止まってしまうとブラックアウト（停電）が起きて、例えば30万戸もの世帯が一斉に停電に見舞われてしまいます。例えば、病院で考

えてみましょう。患者さんのために使われる院内の様々な機械は、停電の際には、非常用電源で賄われますが、この非常用電源も使える時間は限られています。ですから、そのような非常事態が起こらないように、火力発電所が常に安定して稼働できるようにすることは、人の命を支えていることにつながり、やりがいを感じています。

　このような仕事ですから、たくさんの国をめぐらなければならないのですが、僕は1ヵ月で最大約15ヵ国を回るスケジュールを組むこともあります。2日に1回、出国と入国を繰り返す忙しい旅になってなかなか大変です。そのような場合は、西回りもしくは東回りの世界一周の航空券を利用して、なるべく安く移動するなどの工夫もします。印象に残った都市で言えば初めて海外出張をしたドバイですね。このアラビア半島の先端に私と同じ年齢になる1979年に導入した火力発電所があります。ちなみに、今も元気に動いています。この発電所が今後も長く運転できるようにしたい、ということで呼ばれ、お客様のところに何度も通いましたね。

　現地に行くと、発電所に入って、機械を触ったり、音を聞いたりして、お医者さんと同じように機械が今どんな状態にあるのかを診断します。人間と同様に、機械も内部が見えない部分がありますので、レントゲンと同じ技術を使って内部の状況を確認します。例えば、経年劣化による傷が発生していないかなどを調べるのは重要な仕事のひとつです。それから音です。ある機械が発している音が普段と違って少し変だというお客様の要請に基づいて、メンテナンスに行くこともあります。人間がちょっと調子が悪いんですという時に、お医者さんに聴診器で胸の音を聞いてもらうのと同じで、機械も異常があると何かしらの形で、変化の兆しが出てきます。

　これらの定期的なメンテナンスを人間に例えるならば、健康診断や人間ドックです。まだ皆さん人間ドックを受ける年齢ではないと思いますが、健康診断は受けると思います。火力発電所も健康診断だったり人間ドックのようなものをきちんと受けないと、いきなりポキッと壊れたりしてしまいますからね。発電所はつくったら50年超は使っていくようなものなので、やはり安定稼働に必要なことをやっていかなければなりません。

みんなで世界を支える

　僕一人でいろいろなところを回るのですが、実際には非常に多くの人々が関わっています。文系では広報、法務、営業、財務など、理系では機械、化学、電気、建築、ITなど、ひとつのプロジェクトに社内で数百人規模が関与するのは珍しくありません。その人たちの代表として、また当然ながら会社を代表して外を回って、お客様の困っていることを解決していきます。お医者さんでいえば総合診療医的な仕事ですね。

　現地の発電所を訪問する以外にどのようなことをしているかというと、社内でいろいろな部署の人と打合せをしたり、若手向けの勉強会をやったり、ものをつくっている会社なので工場に行って製品の製作スケジュールの確認や、機械の補修方法を相談したり、お客様とパートナーの前でプレゼンをして商品やサービスを売り込んだりもします。オフィスにあるパソコンで、シミュレーターを使って3Dのモデルをガシガシいじくり回して検討する作業もあります。仕事をする中で最も華やかな瞬間は竣工式ですね。プロジェクトの最後に、お客様やパートナー、社内関係者等が揃い、みんなでスーツを着て竣工（プロジェクトの終了）を祝って記念写真を撮ります。また、国の政策で海外に日本のインフラをどんどん輸出しようとする流れもあり、政府や官公庁と一緒に仕事をする機会も、これからも多々あると思います。このように、多くの人たちと一緒に世界を支える、大きなインフラ事業に携われるというのは、「大企業」で働く魅力のひとつかもしれません。

キャリアの選択

　キャリアの話をしますが、まず僕はどんな学生だったのか。僕は中学を卒業して高等専門学校（高専）に入り、そこで5年間過ごしました。高専では正直なところ勉強より硬式テニスに明け暮れました。就活が始まる19歳の時、地元の仲間達に夜な夜な遊びに行こうと誘われるようになり、いわばグレてしまいました。真面目にテニスをやっていた反面、遊ぶことが楽しす

ぎて、その世界に一時期どっぷりはまってしまいました。結果、成績はガクンと落ちて親を泣かせてしまい、反省してまた頑張るようなことがありました。

就職で三菱重工を選んだ理由は、社会の役に立ちたい、それから安定した会社に入りたいという2点が明確にありました。それからもうひとつの理由は抽象的ですが、歴史に残るような仕事をしてみたいと思ったからです。そのように考え就活していた中で、信頼できる先輩が「良い会社だよ」とすすめてくれたこともあって入社を決意しました。

皆さんの参考にしてもらうためですが、実際の就活においては、会社は良い学生を採用したいので、ポジティブで良いことばかり言う面もあるでしょうから、皆さん自身が信頼できる情報源を自分で持って、裏を取る作業が求められます。本当に会社の言っていることは正しいのか、これは中の人に聞かないと絶対に分からないと思います。この作業をしないと理想と現実のギャップに苦しむことになるのではないかと感じています。3年目までに辞める人が増えているのも、そういう理由があると思います。あらかじめ会社に入る前に情報をしっかり取ったほうが良いですね。最近はインターン制度を行う企業も増えていますし、会社を選ぶための重要な手段になると思います。入社後に理想と現実のギャップに苦しむのは本当にもったいないと思うので、可能な限り、就職する前に実際に働いてみるということをおすすめしたいです。

就職してからも学びは続く

さて、入社1年目は都市ごみ焼却プラントの設計という仕事をしました。宮崎県につくったごみ焼却プラント（エコクリーンプラザみやざき）は、自分で全体の計画を行いました。そのプラントが完成し、地図に載ったのを見た時は、インフラの会社の醍醐味だなと非常にうれしく思いました。ところが社会人8年目に所属部門の子会社化・整理統合等の影響で、それまではまったく知らなかった部署に異動になりまして、それが現在の火力発電所のアフターサービスを行う部署なんです。ごみ焼却プラントは官庁や市区町村を

相手にする仕事でしたが、火力発電所は民間を相手にする仕事ですから雰囲気がまったく違いました。事業に関連する知識／資格もない中、知らない人ばかりの部署に行って周囲から信頼を得るまでには時間がかかり、厳しさを経験しました。

　その時に、自分の能力を時間をかけずに客観的に説明できる手段として資格を取ることは有効だと感じました。資格マニアだとか嫌なことを言う人もゼロではないですが、努力している人はこういう資格に反応してくれるので、皆さんも自分で勉強した形を、資格という見える形にするのは良いと思います。その異動があるまで、僕は資格を持っていませんでしたから、仕事にまつわるいろいろな資格を取るようになりました。ちなみに、特に海外では客観的な能力を証明するため、資格は国内よりも重要性が高まると思います。

　異動して1年、いきなりドバイへ行く業務命令があり、これが僕のキャリアの転機のひとつになりました。この時、僕のTOEICスコアは405点、英会話もできず、当時28歳で海外に行ったこともありませんでした。これは本当に困ったと思い、その時出たばかりのボーナスと自分の給料を投入して、授業料の高い英会話のプライベートレッスンに通い始めました。プレゼンの一言一句まで先生の指導を受けることで、ドバイでのプレゼンを乗り切ることができました。その後、英語の必要性をさらに痛感し、英会話に加えて自分でも勉強を始めました。好きな海外ドラマを教材にすることで継続性を担保し、1回目は英語音声・日本語字幕で見て、2回目は英語音声・英語字幕で見て、最後は英語の音声だけで見るという方法で、楽しく英語を体得することができました。インターネットの動画サービスで英語字幕という選択肢があるのは良い時代だと思います。要するに、英語は必要です。もちろん急ごしらえでも間に合うパターンもあるのですが、準備しておくに越したことはないと思います。

　さらに1年後、社会人10年目で新規事業を企画する業務を命じられました。しかし、どのようにして新しいものを考えれば良いのか。これはそもそも僕が今までやったことがなかったので正直困りました。それまでは「この状態だとあと数年以内に大規模な修理が必要ですよ」と診断するような仕事をしていたので、新規事業を考えろといきなり言われても何をして良いか分

からなかったのです。思うように結果が出ず焦りを感じ、これを打破するため、大学院に通うことにしました。社会人向けの大学院で、平日の夜間と土日に授業がありました。周りの人のモチベーションが高かったので、切磋琢磨しながら新しい知見を学ぶことができました。大学院では、新事業企画の練習ということで学生起業家選手権に出て優秀賞を受賞することができました。

　おそらく皆さんが社会人になった時にも、世の中は大きく早い変化を続けるので、継続的な学習が非常に重要になってきます。このような変化に対応するため、柔軟にキャリア形成を行うための選択肢として、社会に出てから修士課程や博士課程に行くことは、今後より広がっていくのではないかと思います。僕は社会人として約10年経ってから修士に行きましたが、学位というのはこのように働きながら取ることもできるのです。社会で実際に働くと、何を勉強しなければならないかが、非常にクリアになりますので、それに基づいて学ぶのは非常に有効かつ効率的でした。つまり、自分に足りないものを、仕事を始めた後から手に入れることができる時代だなと思います。必要に応じて大学に戻る、そうした柔軟性はこれからの時代のひとつのポイントかと思います。

「大企業」ってどんなところ？

　さて、最近「大企業」で働きたくないという学生も増えてきていると聞くことがあります。では「大企業」とは一体どんなところでしょうか。一括りにされることが多いですが、その実態は実に多様です。果たしてネットで目にする情報と実際はどう違うのか。今日は僕の知っている範囲で、実際の「大企業」の一例についてお話したいと思います。ネットの情報は皆さんあまり鵜呑みにせず、情報を集める時は人に聞きましょうね。

　まず、大企業の給料が安いかどうか。給料は例えば外資系企業に比べると相対的に額面は安いと思いますが、手取りで考えれば家賃手当など各種手当もあり、それなりにあると言えるのではないかと思います。大企業には社宅を有するところも多く、家賃相場に比べて安価に利用することができます。

また、最近変わって来ているところもありますが、日本の大企業では終身雇用を前提とした年功序列も多く、若い頃は外資系企業ほどたくさんのお給料をもらえるわけではありません。まずは大きな仕事の中で自らの役割を果たすことを通じて成長し、20 年、30 年を経て徐々にお給料も上がっていきます。

　次に、労働時間です。近年はどの企業もブラック企業ではいられません。法令遵守は世間でも唱えられていますが、一方で世の中にはまだまだブラックな会社があるとニュースで耳にします。そうした中、大企業では、そういった状況はなくなっていると思います。僕の職場では週に 2 回の定時退社日が決まっています。定時というのは朝 8 時 30 分から 17 時 30 分なので、その週 2 回の定時退社日は大体みんな早く帰れるので予定を入れて楽しく過ごすことができます。一方で残る 3 日については、僕の場合、週に 1 ～ 2 回は 22 時ぐらいまで残業することがあります。ただ学生の時に考えていた残業のイメージと、会社に入ってからの残業の実態はだいぶ違いました。僕の場合は期日までに仕事を終わらせるという前提はありますが、仕事が面白いので、苦にならない、むしろ楽しいというものです。仕事をやりながら力を付けていく実感も得られるところがあるので、逆にもっと仕事をしたいと言う若い人もいます。

　余暇の時間もちゃんとあって、有給休暇が取得できます。僕は有給休暇を合わせると入社以来ずっと、10 連休が年に 3 回程度取れています。メーカーのように工場を持つ企業では、夏場などに計画的に工場を停止したりするからです。もちろん昼休みもしっかり取れますから、昼食後にランニングをしたり散歩をしたり、それぞれがいろいろなことをやっています。人間らしい生活ができること、これが大企業で働いていて良いことだと僕が感じることのひとつです。

　出世競争は確かにあります。これには運も必要ですし、人と人との関わりもポイントになってきます。例えば「誰が次に上がるのだろうか」を考えて、その人の成果をさらに押し上げるようなサポートが部下としてできると、自分の昇進の可能性が高まる、といったことも多くの大企業であるでしょう。そう聞くと出世するのは何だか面倒で、嫌だなという気持ちを持つ人もいる

かもしれませんが、上に行けば、自分で決裁できる範囲も広がり、それまでは上司が権限を持っているのでできなかったことも、できるようになったりします。

　大企業は一般的に保守的だと言われます。出る杭は打たれるようなこともないとは言えません。また企業が大きい分、組織が縦割りになっていることも多いと思います。これは良くも悪くも大企業の特徴のひとつですね。また、就職活動においては、挑戦か安定かどちらを取りますかと言われれば、僕は安定を取ったので大企業を選びました。ですが最近の学生の皆さんに聞くと「挑戦と安定、両方欲しいです」と言うそうです。そうした各々の希望に合わせて、安定を求めて大企業、挑戦を求めてベンチャー企業や自ら起業、もしくは安定と挑戦の両方を求めてメガベンチャー、などを選ぶのがいいかもしれません。

　また大企業の特徴として、短期的な成果を重視し、長期的成果を目的とする活動や、成果の予想が難しい新しい事業への種まきなどは評価されにくい場合もゼロではありません。ただし、そのような制約条件を分かった上で、複数の部署をまとめ上げてリスクに挑戦し、ものごとを実現していけるすごい人がいます。そのような人が次のリーダーとして自然に組織で上に上がっていくわけですね。

　大企業には大きく稼いでいる主力事業がほとんどの場合あると思います。そうした主力事業では効率的に分業する仕組みができ上がっている場合が多いでしょう。そのため、その仕組みの中でまずはやれることを少しずつ覚え、やるべき目標を超過達成した先に、裁量を超えて自由に挑戦するチャンスが貰えると思います。例えば、100の売上を出しなさいと言われたら120出して、やることやったんだから、やりたいことをやってもいいですよね、と言える雰囲気ですね。

　同じ企業でも部署によって雰囲気も全然違います。入った時の部署が皆さんのやりたい仕事とか雰囲気に合っているか次第で、仕事の楽しさは変わってきますね。例えば、官庁を相手に仕事をする部署では比較的職場の雰囲気も堅くなる傾向があるように感じます。一方、民間相手の部署では「お客様、どうですか、最近」という電話口での会話があるように、比較的フラットに、

カジュアルな雰囲気で仕事ができることが多いように思います。それから若いうちはみんなが行きたがる花形の主力事業部門は、社内の注目度も高く、関係者が多くなり、自由度は相対的に低く、個人の意思を反映することが難しい場面も少なくありません。一方で、逆に注目度の低い、というか売上規模の小さい部署であれば、関係者が少なくなる分、相対的に自由度が上がる、という印象があります。

部署によっては接待もあります。人間を相手にしている仕事ですから。接待には古臭いイメージがあるかもしれませんが、僕は接待が面倒だとは思いません。むしろ仕事の中で人生を豊かにする時間だと思っています。ビジネスライクなお付き合いは機械的なイメージがあって、お金のためだけに働いている感じになってしまう気がしますが、一緒に食事をしたりスポーツをしたりすることで相手との距離が縮まり、仕事もやりやすくなります。海外での仕事を通じて、僕は仕事は仕事と割り切る人生はつまらないと考えるようになっていきました。まずは自分の人生を楽しんで、人間味のある人になる。そのような人物でないと、海外ではなかなか相手からの信用が得られないのが実際だと思います。

世界での気付き

世界を回ってみて気付いたことが3つあります。まずは「人生短いんだから楽しめ（Life is short, enjoy your life）」です。私の体験ではトルコとヨルダンが印象深いですが、現地の人々と一緒にいると、「お前はさ、仕事ばっかりやっているけど、人生楽しんでいるのかよ？」ということをよく言われました。海外では、人生を楽しんでいる人、元気に活躍している人が、一緒に仕事をしたい相手と思ってもらえます。仕事ばかりで人間味のない人は「その人のために頑張りたい」とは思われないのです。彼らが何を言っているのか、価値観の違いから最初は理解ができませんでした。ですが、だんだんと自分の人生って、豊かさって大事だなと思うようになりました。今の皆さんにこれが響くかはわかりませんが、あなたの人生は、あなただけの人生なんですよ！と強調したいですね。

次に、中東などイスラム教の文化圏ではとにかく価値観や考え方が日本とはまったく違います。そこで学んだことは、「自分の常識は他人の非常識」ということです。やはりまったく異なる価値観が同時に存在し得ることを実感しました。特に海外に行くと宗教の話をたくさんすることになります。あなたの宗教は何ですかと問われます。「ない」と答える日本人は多いと思いますが、そのような人は不思議に思われます。例えば、インドやパキスタンからサウジアラビアに出稼ぎに来ている人たちがいます。彼らは安い給料にも関わらず重労働で休みが少ないような労働環境であっても、イスラム教の聖地であるメッカの近くで働けるということを本当に幸福に思っていました。このようにまったく価値観の異なる人たちがいることに気付けたのはすごく意味深いです。

3つめですが、海外には見るべきところ、実際に見て心が震えるような体験が得られる場所がたくさんあります。このような場所を見て、素直に感動したり、人生を考え直すきっかけにしたり。大企業でインフラの仕事をすると出張で世界中に行くチャンスがあるので、仕事で行けたら儲けものですよね。

学位について

世界を回っていて意識するようになったことのひとつに、学位（学士・修士・博士）があります。学位はどう社会に役立つでしょうか。まず大学での勉強や研究はやっておいて損はないです。会社に入ると「勉強やっておけば良かった」という気持ちを持つ人は実際少なくありません。仕事をすることで自分に足りない知識が明確になるからです。それは悪いことではなく、ほとんどの人がそう感じるものです。したがって企業が入ってくる新人に期待するのは、基礎ができているかどうかです。仕事は応用問題ばかりなので基礎ができないと、企業側も教えるのが大変、ということになってしまいますからね。

仕事をするにあたって、持っている学位に応じて仕事内容が変わるということは日本ではあまりないと思います。ただ、給与や昇格については日本の

大企業では、スピードが違うのが現実ではないかと感じます、もちろん仕事のでき次第という面がゼロではないのですが。例えば理系の学部卒と修士卒で就職する場合では、2年間修士課程に行った分、学部卒よりも給与が高く設定されていることが多いのではないでしょうか。それから全体的な話として、論理的な思考力や英語力については博士、修士、学士の間で差を感じる場面はあります。

博士号を持っていることについては、国内だけで勝負しているような日本企業の中ではそれほど優遇はないかもしれません。ですが僕が博士課程に挑戦した理由は、海外では博士号を持つ人への評価が高く、仕事をする上でたとえば「博士号を持っているのだから、この人の発言は信用できる」と思ってもらいやすい印象があるからです。海外に関係する仕事で活躍したい人は、博士を取っておくと間違いなく武器になると思います。

僕から皆さんに伝えたいこと

皆さんに僕の話から今日持って帰ってもらいたいのは2つです。まず就職先やキャリアを選択する際に「それをやりたいか」どうか。つまりモチベーションを大切にしてほしい、ということ。何でもそうですがモチベーションによって、仕事の成果や自分の人生は大きく変わってしまいます。モチベーションを持ってやれることを探してみてください。

最近の話ですが、33歳、社会人14年目で顔面神経麻痺を発症し、顔の右半分が動かなくなってしまいました。1週間の入院点滴と1.5ヵ月のリハビリで回復しましたが、原因はストレスでした。この頃、新規事業の推進に向けて、泥臭い仕事をこなしながら、非常にタフな時間を過ごしていたのですが、それでもうまく進まず、ストレスで体が悲鳴を上げたようです。「人間、好きなことしか続かないな」としみじみ思いました。短い時間は我慢できるのですが、人生は長いです。やはり、やりたいことをやったほうが、結果続きますし、成果も得られると思います。皆さんの年代は平均寿命が100歳程度になると言われています。皆さんの時代には、1人の人間が長く務める企業がひとつではなく、2つになるかも知れませんね。そうなったらさらに、

やりたい仕事を見つけるのは大事になります。

　もうひとつすごく大事なことは、「それでもやってみないと分からない」ということです。やりたいこともやってみて初めて理解できるものです。想像とは違うかも知れません。ちなみに、この講義のために僕は前回授業を見学しに来ていたのですが、これも実際の状況を見てみたかったからです。皆さんのニーズや雰囲気、どうしたら話を聞いてくれるかな、誰も笑わなかったらどうしようかなとか様々考えるのですが、行動しないと不安は払拭できない。この2つを皆さんに伝えて今日は終わりにしたいと思います。

追記
　筆者は2017年8月に三菱重工業株式会社マーケティング＆イノベーション本部に異動。

日本人が国際機関で働くこと
2016.12.9 LECTURE

村上 由美子
Yumiko MURAKAMI

経済協力開発機構（OECD）東京センター　所長

PROFILE　上智大学外国語学部卒、スタンフォード大学大学院修士課程（MA）、ハーバード大学大学院経営修士課程（MBA）修了。その後約20年にわたり主にニューヨークで投資銀行業務に就く。ゴールドマン・サックスおよびクレディ・スイスのマネージング・ディレクターを経て、2013年にOECD東京センター所長に就任。OECDの日本やアジア地域における活動の管理、責任者。政府、民間企業、研究機関およびメディアなどに対し、OECDの調査や研究、および経済政策提言を行う。著書に『武器としての人口減社会』（2016年、光文社）がある。

女性が働くのが厳しい時代だった

　私が1980年代の後半に大学を卒業した時、女性は男性と同じように仕事ができるような状況ではありませんでした。皆さん今の時代からは想像がつかないかもしれませんが、1986年の雇用均等法施行後でも、実際にはまだまだ女性が男性と同じように働ける時代ではなかったのです。そういうこともあり私は大学を卒業してから就職せず日本を出て、アメリカのカリフォルニアにあるスタンフォード大学の国際関係学の修士課程で2年間学んで修士号を取りました。その後日本に帰ることも少し考えましたが、日本で女性がプロとして働くのは厳しかった。今でも厳しいですが、その当時は本当に就職が難しかった。同時に海外に出ると様々な刺激を得て学ぶことも多かったので、もっと外国で生活を続けてみようかなと思い国際連合（国連）に入りました。

実は日本人は国際機関に「入りやすい」

　皆さんの中には将来的に国連などの国際機関での就職を目指している人もいるかと思いますが、このような組織で働く日本人は少ないです。国連にも経済協力開発機構（OECD）にも日本の政府が拠出金という形でかなりのお金を出しているので、本来なら拠出金に比例した形で職員が入っているべきなのですが、日本人はその割合の半分いるかいないかです。日本人が少ないということで、実は条件や資格を満たしていれば日本人は比較的入りやすいのです。

　もちろん、入ってもやはり厳しいところもある。日本の大学を卒業して日本で就職すると会社側がレールを敷いてくれて、研修もあって、人事異動で2～3年ごとに会社が配属をちゃんと考えてくれることが多いですが、国連や欧米の会社はそういうものがなく、自分で自分の道を拓いてくださいという感じです。ここが厳しいところではあるのですが、その代わり優秀な人はどんどん仕事がもらえてすぐに昇進もできるというシステムです。

国際機関で働くための専門性は何でもアリ

　国際機関で働くにあたっては、専門性が必要になります。ただ、「大学でどんな専門分野を学んでおくといいですか」とか、「こういう専門分野を持っている人が求められるというのを教えてください」と聞かれた場合の私の回答は、「大学の時の専門分野は何でもあり」です。この勉強をしていると国際機関に就職しやすいというのは特にありません。ただ、どの国際機関も最低でも修士号を取っていないとほぼ応募できません。応募する時の資格としては最低でも修士課程を修了していることと、職務経験の両方が求められます。

　つまり、実際には大学の時の専門分野ではなく、応募の段階でどういう専門性を自分としてアピールすることができるのかという話になります。学部の時の専攻の分野というのは特に限られているわけではない。ですから、逆にいろいろなところに足を突っ込んで自分の可能性を広げるというのは学生の時には実は結構良い話で、いろいろやって、これが自分としては気になると分かった時に大学院でその分野に進んで専門性を身に付けるということもありだと思います。

国連から海外金融の世界、そして再び国際機関へ

　私も国連で3年ほど働いた後で、今度はハーバード大学大学院のビジネススクールに行きました。いろいろな国で実際に開発が進んでいく局面で一番重要なのが、政府からのお金ではなく民間で自分たちの国の経済をつくっていくことです。国連ではそのことを肌で感じていましたが、よく考えてみれば私は投資のことがよく分からないし、民間のお金の流れって何だろうと思ったので、それを勉強しにビジネススクールに行きました。その延長線上でゴールドマン・サックスというアメリカの投資銀行に入り、投資の世界で約20年働きました。その間、仕事場はニューヨークに十数年、ロンドンにも3年ぐらいいました。

20年近く金融の世界で面白いことをやらせていただいたのですが、ゆくゆくはそういう自分の金融の経験を生かして、再び公的な仕事ができればいいなと思っていました。具体的にこのタイミングで絶対にOECDが良い、というようなことは考えていなかったのですが、ある時OECDのこのポジションの公募が目にとまり、これは面白そうだと思って応募して採用され、今に至っています。

珍しいキャリア？いいえ、これからそういう時代になります

　つまり私は公的な仕事から始まって、真ん中で20年近く民間で働いて、最終的に今はまた公的な国際機関に戻っているわけです。OECDに入った時、このキャリアパスは日本人としてはすごく珍しいと言われました。海外ではよくあるキャリアですが、日本の場合はまだほとんどないのが現状です。
　私がニューヨークで勤務していた時、10〜15年くらいウォールストリートで仕事をした後にワシントンに行って政府系の仕事をしている人や、あるいは知事選に出て知事になった人など、多様なキャリアの上司や同僚がたくさんいました。彼らの背中を見て仕事をしてきたので、割と自分としてはごく自然に「それもありだよね」と思っていたのですが、それを日本でやると「そんなことがあるの？」というのが、皆さんからの反応です。
　ですが日本もグローバル化していることを考えると、おそらく皆さんの世代ではそれが当たり前になってくると思います。最初に就職した仕事で定年までずっといるというのが私の世代や私の親の世代の一般的なキャリアパスでしたが、会社、産業全体、あるいは日本全体において労働市場の流動性がどんどん出てきているこの局面で、「この職場で一生」というのは基準にならないというのが、皆さんがこれから経験する労働環境だと思います。

OECDは何をしているのか

　OECDは一般の人にとって、経済の専門家を対象にした経済統計を出している機関というイメージがあるかと思います。経済統計というと難しく聞こ

えるかもしれませんが、実に様々な統計を集めています。メディアでも取り上げられるようなマクロ経済の指標以外にも、例えば睡眠時間や通勤時間の比較、そのほかに幸福度などの結構主観的なものの統計も取っています。私たちは経済に関わることはもちろん、環境、教育、租税など様々な分野で国際比較可能な統計を集計して、それを分析して政策提言をしています。それがOECDの主な仕事です。

OECDはパリに本部があり、36ヵ国の加盟国があります（2019年1月現在）。なぜ36ヵ国しかないかというと、加盟するのが難しいからです。加盟の条件は、例えば、国の仕組みがしっかりしているかどうかです。OECDは統計を重視した分析をしているので、国に統計を取れるだけの信憑性がないとOECDとしては一緒に仕事ができないのです。必然的に経済的にかなり発展した先進国と言われている国しかなかなか加盟できません。

そして、英語では「ライクマインドネス（likemindness）」と言うのですが、哲学的に加盟国の方針が同じ方向を向いていなければなりません。要するに民主的な資本主義です。資本主義で自由市場が経済の発展をサポートするという基本的な思想を国々が共有することを条件にしているので、例えば計画経済を標榜する共産国は入りません。中国は入っていませんし、ロシアも入っていません。ただし、加盟国が36ヵ国であっても、加盟国以外の国も調査の対象にすることはあります。それから、日本は36の加盟国のうち2番目に拠出金が高いです。多くの国際機関もアメリカが1番で日本が2番という構図です。それに対して残念ながら日本人の職員は少ないので、採りたいのですがこれが難しい。後で述べますが、なかなか採用の条件に合わないのです。

なぜ国際機関に日本人が少ないのか

OECDに限らず、国際機関に何で日本人が少ないのかという理由はいくつかあります。ひとつは日本人の応募者が少ないのです。その背景には労働市場の流動性がないということがあると思います。私が日本を出た時と同じですが、日本の場合はいまだ終身雇用という、世界的には特殊なシステムが残

っているがゆえに流動性が低いです。

　国際機関では流動性がかなりあります。要はキャリアというのは仕事を変えたり、あるいは業界を変えることによってアップしていくのが当然だという考え方が主流です。日本では人事がレールを敷いてくれて、そのレールで20年、30年行くという選択をする人たちが大変多いです。

　自分でキャリアを築くことは、人事がはいどうぞと言ってくれたポジションをやっていればいいというわけではない。国連もOECDもそうですが、みんな、自分で自分の次のポストを探します。ただし「自分で探す」ということは、自分はこんなに仕事ができるというふうにロビー活動をしてアピールして、自分で自分のキャリアに対して責任を持つ部分がとても大きいので大変です。日本のように労働市場の流動性がない場合は、ひとつの会社でみんな一生過ごすわけですから、そういう自分のポストを自分で探すマインドは育ちにくいでしょう。なので、日本人の応募者は少ないです。

重要なのはコミュニケーション力

　それでももちろん日本人で応募してくる人はいます。ですが、日本人にとって言葉の壁がとても高い。私は採用する側なので、日本人を採りたいと思う時もありますが、言葉のところでかなりハンディを負ってしまって、上に上がれない日本人、採用されない日本人はたくさんいます。

　それは単純に英語の運用能力の問題と、それ以上にコミュニケーション能力もあります。例えば、私は今いろいろな国から来た人と一緒に仕事をしています。そういう人たちは聞き取りにくいアクセントの英語の人たちもいるわけです。もちろんアメリカ人やイギリス人のように流暢に話せればいいですが、それは必須ではなく、たとえ日本人的な英語でも自分が伝えたいことをうまくコミュニケーションできるかが重要です。

　ですので、日本の教育で考えなければいけないことは、対話です。日本では講義形式が典型的ですよね。先生や講演者がこんな感じで話して黒板に書いて、皆さんがメモする。それはそれでいいところもありますが、ダイアログ（対話）に弱い。

私は子どもが3人いて今アメリカンスクールに通っていますが、授業中に先生に意見を言うこともある。「先生、違っているんじゃない？」と小学生の子どもが言う。私はそれを聞いただけでドキッとして、そんなの先生に言ったら駄目だと思ってしまうわけですが、それをエンカレッジする、それを良しとする雰囲気をつくっています。

　アメリカの教育は良い点も悪い点もあり、アメリカの教育システムをすべて日本に導入するのは良いと思いませんが、ひとつアメリカの教育で優れていると思うのは、同意しなくとも、異なる意見を持つ相手の意見を尊重するための訓練がなされていることです。ディスアグリーすることにアグリーする。そのためのディベート力を子どもは小学1年生の時から付け始めます。ですから、英語力はもちろん、それだけではなくまったく違う視点を建設的に戦わせて、アグリーとディスアグリーできるコミュニケーション能力がとても重要だと思います。

　OECDでも国連でも世銀でも、今はパネル式の面接で採用を決めます。英語の筆記試験が受かったという前提で話をすると、面接では4～5人の人が座っているところに呼ばれます。面接者5人がそれぞれ違ったアングルで質問し、でも私は違うと思うんだけれどというように、ピンポン球を打ち合うようにダイアログで対応します。そこではディスアグリーを建設的にできるかということや、いかに自分の意見のポイントを効果的に相手に伝えることができるか、それを見るのです。ここで日本人はうまくいかない人が多い。ああもったいないなと思う時があります。OECDは専門性の高い人を採用するので、すごく知識があって日本の環境の中では仕事ができると思われる人がパネル式の採用試験に太刀打ちできない状況になってしまうことがよくあります。

国際機関で日本人が働くことの意味

　私も日本人ですが、OECDの人間であって外務省の人間ではありません。そのため政治的には中立の立場を取りますが、現実的にはある国の職員が多くいるとその国にとって有益なこともあります。どういうことか。前にも述

べましたが、国際機関では流動性があるので人が頻繁に動きます。日本人が国際機関に入る数が増えればその日本人を通じて国際機関同士、あるいは多国籍企業、あるいは日本の企業でも国際業務をしているところへ情報ネットワークが広がります。

　すると政治的にも経済的にも日本にとって有利になります。例えば、ルールづくりです。国際協定をつくる時、正式に議論に上がる前に水面下で多くの取引や駆け引きがありますが、そこに携わる日本人が多ければ多いほど有利になる。けれども、それを行える日本人の数がすごく少ない。情報ネットワークも少ないし、国際機関やマルチナショナルな企業で働いている人のネットワークがないとうまく交渉できないことがあります。

　実際の国際的なルールづくりの水面下での交渉に日本人がしっかり入って、議論でリードできれば、そこで一歩二歩日本が先手を打つことになり、国の経済として多様なビジネスの機会が見えるかもしれない。いろいろな意味で日本にとって有益なことがあるわけです。

　こうしたルールづくりにあたって、日本人という立場で行くのか国際機関の中立の立場で行くのかというのは微妙なところですが、実際には人が動くので「どっちもあり」です。私もOECDに入る時、あるいは国連に入る時、私は国際公務員として中立の立場を守りますというように誓います。ただ実際には、私はほかの業界に戻る可能性もあるので人のネットワークが役立つこともあるでしょう。それに私は今日本の政府の人間ではないのですが、実際には日本の政府がうまくOECDで活躍できるよう間接的にいろいろサポートすることもある。ですから、国際機関に日本人の数が少ないというのは、日本の外交上、とても不利になっていると思います。

　私が国連に入ってからビジネススクールに行って、金融で20年仕事をした後にOECDという国際機関に戻って来た時、20年前から状況が少し良くなっているかと思ったらあまり改善していませんでした。逆に悪くなったぐらい日本のプレゼンスが低く、日本人の数は多少増えているかもしれませんが、幹部が少ない。日本人が国際機関のリーダーシップ、シニアのところにいて活躍しているかといったらほとんどしていません。ですから、そこは皆さんの世代に変えていただきたいと私は思っています。

日本は人口減社会の課題先進国

　さて、ここで OECD の統計を使って日本が国際比較をした時にどういう立ち位置なのかを考えてみましょう。世の中にはいろいろな統計があり、日本で大きな問題になっている人口問題についても統計がたくさんあります。ネガティブな面が注目されがちですが、私は日本にとって少子高齢化のピンチはチャンスになるのではと思っています。

　15〜64 歳はマクロ経済統計上「労働人口」といって、働ける年齢とされますが、日本ではこの層が減ってきています。高齢化が進んでいますから子どもも産まれませんし、若者も子どもも減るということで「日本沈没か」と大騒ぎになったりしていますよね。ですがこれは世界的なトレンドです。韓国や中国もそうですし、実はアメリカのように出生率が高い国でも、ベビーブーマーという今の 50 代、60 代が次の 10 年ぐらいで大量に引退します。するといくら赤ちゃんが生まれていても、統計上シルバー層に対する労働人口比率の低下は避けられません。人口問題は日本だけではなく世界中で問題ですので、裏を返せば日本は課題先進国として優位性があるわけです。今日本が抱えている問題について解決方法を見出すことができれば、今後とんでもない勢いで成長するかもしれないシルバーエコノミーで世界の一歩先を行くことができるかもしれません。

　現在、テクノロジーによる産業革命が起こり、グローバル化も進んでいます。OECD の統計では日本で今ある仕事の 7% がオートメーション化され、それ以外にも 22% の仕事について、その仕事をする人の内容が大幅に変わるという予測が出てきています[1]。これは重要なポイントです。こんなにすごいスピードで人々の生活の基盤や社会システムがテクノロジーによって変わってきているタイミングで、日本が少子高齢化で労働力不足というのはとてもラッキーだと思います。なぜなら日本は今失業率 3.1%（講演当時。現在は 2%

---

1. OECD (2016) POLICY BRIEF ON THE FUTURE OF WORK – Automation and Independent Work in a Digital Economy, Figure 2

台）で「完全雇用」と言われる状態です。基本的に人手不足ですから、自動化で構造改革を進める追い風がビュンビュン吹いているわけです。これは例えば失業率が高いヨーロッパでは考えられません。失業率が下がらない中で自動化を進めるのは、結構大きなネックだからです。日本はそれに比べるとIT革命を進める上でこんなに条件がそろっている国はないと言えるぐらいラッキーではないでしょうか。

重要なのは学力を生かすこと

でも悲しいかな、私が1番問題にしたいのは、日本は往々にして学力テストの点は高いのだけれども、自信がないとか、問題解決力がないからそれを応用できないと言われていることです。2015年のPISA（学習到達度調査）という15歳の子どもたちを対象とした、世界で国際比較できる学力テストの科学的リテラシーのスコアを見ても日本は優秀です。ですが科学的リテラシーのスコアは高いのに、別に科学的リテラシーがあっても将来的に自分の人生が良くなるとは思わないし、科学的リテラシーを生かして仕事をしようとは思わない。これはとてももったいない話です。テクノロジーがどんどん発展していくこれからの時代に、自分に自信を持って、将来的に何か起業しようとかいろいろ考えてくれたらいいなと思いますが、あまりそのような気持ちはないように思います。

ほかにも、各国のニートの平均学力を見ると、他国では学力が低いとニートになる確率が高いのですが、日本は学力があったほうがニートになる確率が高いという結果が出ている[2]。学校に行くなと言っているわけではないですが、社会的なシステムに何かのひずみがあることを感じます。さらに自分がやっている仕事に対して自分の学歴あるいは学力が過剰ですかという質問に「はい」と答えた人の割合は日本が31%で1番高い[3]。ということは、自分が持っている力を今の場所で十分生かしていないと感じる人たちが3割

---

2. OECD (2014) Education at a Glance 2014, Table C5.4. Statlink: http://dx.doi.org/10.1787/888933118979（2019年2月4日閲覧）

以上いるということで、これは大問題です。

日本は宝の持ち腐れが多い

　これらから思い出したのは、ハーバードのビジネススクール時代に知り合った企業派遣の日本人です。彼らは本当に優秀でしたが、日本の企業に帰ると3年くらいでほとんど辞めてしまうのです。なぜだろうと思っていましたが、皆さんが言うには「活かされていない」と感じるということでした。機会ロス（opportunity loss）が多すぎるというのです。日本では年功序列のため、20代でMBAを取って帰ったところで大したことはやらせてもらえない。そのため、ほかの会社に変わる、外資系企業に変わる、あるいは自分で起業するということが起こる。これは日本企業のシステムとしてはどうかなと思うところがあります。

　それから、日本の女性の就業率は上がってきているものの、大卒だけで見ると男性93%に対して女性71%と、大きな差があります[4]。これも明らかに宝の持ち腐れです。OECDのエコノミストの試算ですが、単純計算で、女性が男性と同じように仕事をすればGDPの潜在成長率が長期的に倍近くになるそうです。例えばIMFや世界銀行、内閣府がやっている試算にも同じような結果が出ています。日本の女性が男性と同じように仕事をすれば、日本のGDP成長率が倍近くになってしまうというすごい話なのですが、なかなかどうして難しい。

　日本の場合は、人材という意味で素材は素晴らしい。お金もあります。ものもある。あとはうまく調味料を絡めて、おいしい料理にするためには、私は労働市場の改革や、規制緩和という社会の仕組みを変えていくことが必要になると思います。日本は今、なかなかセカンドチャンスとかサードチャン

---

3. OECD（2012）Survey of Adults Skills（PIAAC）, Table A4.25. Statlink: http://dx.doi.org/10.1787/888932901733（2019年2月4日閲覧）
4. OECD（2015）Education at a Glance 2015, Chart A10.5. Statlink: http://dx.doi.org/10.1787/8889332838611（2019年2月4日閲覧）

スを与えにくい社会じゃないですか。一度失敗するとやり直すことが非常に難しい。これには、例えば行政的に法規制を変えていくほかに、社会の仕組みのひとつとして、民間の企業がいかにセカンドチャンス、サードチャンスを自分たちの従業員に与えるのか、あるいは投資をするのか。それも同じぐらい重要です。これはメンタリティの問題にもつながっていて、現状の日本社会の仕組みでは、個人がなかなかリスクを取れない、リスクを取りたくないとなってしまうというのもあります。

水は半分も入っている

　これにはいろいろな原因があると思いますが、先ほど出した、子どもの学力はいいけれども自信がないという話は重要です。自信を付けて、問題解決能力を付けて自分の頭で考えることが大切です。そうすることによって、自分が与えられた画一的な就職・キャリアのトラックだけでなくて、いろいろなことができると信じて、自信を持って行動が起こせるという子どもたち、あるいは学生たちが育つような環境をつくることが必要だと思っています。
　例えば、生徒が先生に「1＋1は絶対に2でないといけないのでしょうか、ちょっと考えたら3になる可能性はないのですか、2.5になる方法はないのですか」とか、そういうことを子どもの頃から問い掛けること。答えが1個しかないという日本の今までの教育の方針というのは、今見直されてきつつありますが、結構そこでみんながリスクを取れない人間になってしまうひとつの原因をつくっていると思います。
　正直に言って、社会の仕組みを変えるのは簡単なことではなくて、誰がやるかというと政府も行政的に法律を変えていく責任があります。民間の企業も自分たちの雇用のシステムを変える責任があります。教育のシステムも根本的に変える必要があります。あとは家庭。皆さんが親になったら子どもたちの教育に関わる時の心の持ちようや、どうやって子どもたちにチャレンジ精神を持たせるか、先入観ですべてを決めるような人生の歩み方というのはつまらないんじゃないの？　という考え方を持たせるとか、いろいろな角度からやることがたくさんあると思います。

コップに入った水が半分しか入っていないと考えるか、半分も入っていると思うのか、大きな違いだと思います。半分しか入っていないと言う人はいつも「できない」と思うわけです。半分しか入っていないから駄目だと。半分も入っていると思う人は、半分も入っているから「できる」と思います。日本に入っている水って結構いいところまで来ている。なので、このコップには水が半分も入っているというふうに考えないと。皆さん、お水が半分も入っているんですよ。半分どころか半分以上入っていて、こんなにできる。こんなに伸びしろがあるということを皆さんにお伝えしたいです。それが私からのメッセージです。

CHAPTER II 社会の基盤をつくる

価値観と向き合うキャリア設計
2017.11.10 LECTURE

神田 哲也
Tetsuya KANDA

公正取引委員会
事務総局審査局管理企画課審査企画官

PROFILE 2000年東京大学法学部第II類（公法コース）卒業、2006年米国ミシガン大学公共政策大学院修了。2000年4月公正取引委員会事務総局に入局後、競争政策、中小企業政策に関する2度の法改正やガイドラインの作成を担った。欧州委員会競争総局において国際カルテル事件の審査などに従事したほか、経済協力開発機構（OECD）での勤務経験もあり。2013年から2年間は人事課にて新卒学生も含めた採用や任用（人事異動等）のほか、働き方改革などに従事。2016年からは官房総務課にて組織としての方針策定や国会業務を担当し、一貫して組織の基盤をつくるべく尽力。2017年7月に現職に就任。

キャリアとは仕事を選ぶだけではない

「公正取引委員会」略して「公取委（こうとりい）」という役所をご存知でしょうか。公正取引委員会というのは、企業同士がきちんと競争することを確保していこうという役所です。国家公務員というと財務省や外務省などの役所はそれぞれイメージが湧くと思いますが、公取委のような役所も含めて国家公務員であり、今日は国家公務員を職業に選んだ経験も踏まえてお話をできればと思います。

皆さんは、これからどのようにキャリアを過ごしていこうかと、考えていくと思います。単に職業を選ぶというだけでなく、人生にはいろいろな要素があります。仕事には多くの時間を費やすのでもちろん大事なものですが、それ以外に家族や自分の生活など人生にはいろいろな要素があります。皆さんが自分で幸せだな、気持ちが良いなと思うのは、どんな時にどんな理由でそう思うのかを考えてみてください。私は、人の幸せは、職業だけではなく、家族、友人や趣味などの様々な変数からなる方程式で表せると思っています。個々人によって、変数ごとの影響の大きさ、すなわち係数の大きさが違うと思います。これから私のキャリアやその考え方についてお話ししていきますが、これはあくまで、私自身がそのように考えてきたということです。皆さんには皆さんなりの幸せの方程式、ルールがあると思います。それを自分で思い浮かべながら聞いてもらえればと思います。

競争して自分のフィールドを見つけよう

あるアメリカの財団が世界で調査をした結果をご紹介します。「貧富の差が生まれるかもしれないけれども自由な市場経済（企業が競争すること）で皆さんの暮らしが良くなると思いますか」と、いろいろな国の人に聞きました。日本は「そう思う」と答える人の割合が各国の中で最下位に近く、競争に対する肯定感があまり高くない国になっています[1]。

競争というものは世の中の役に立っていないと多くの人が思っていること

になりますが、その理由を私なりに考えてみました。普通、競争といえば、物を安く売るか良い物を売るかのどちらかだと思いますが、皆さんが生まれる前から始まった日本の低成長経済においては、値段をどんどん下げる状況が続いた。それで物価もどんどん下がる。最終的には、企業の従業員の給料も削らないといけないかもしれない。実はここ20年ぐらい、日本の実質賃金はなかなか上がっていません。ということで、競争によって、自分の生活が、消費者としては良くなっているのかもしれないが、ひとりの労働者としては辛い状況になっていることを、国民の多くが感じているのではないかというのが、私なりの分析です。

　今後皆さんの多くは、企業や組織のために働くことになります。民間企業に就職すればそうですし、また、仮に起業して自分で会社を経営したいという人も含めて、安くて良い物をつくって売る、サービスを提供するという職業に就く人が大半でしょう。皆さんは、これからはそういう環境に、すなわち「市場」の中に、入っていくということです。

　市場に入っていくということは、厳しい競争にさらされることです。では、市場で一定の利益をあげるにはどうしたらいいのか。皆さんがこれから企業に入って利益をあげるためには、誤解を恐れずに言えばできるだけ独占した方がいい。先ほど、競争させるのが公正取引委員会の仕事だと言ったじゃないかと思うかもしれませんが、必ずしも独占自体が悪いと言っているわけではありません。カルテルをしてみんなで話し合って独占するようなことは駄目ですが、良い商品や安い価格で市場を独占すること自体は止めていません。

　利益をあげるためには独占が良いというのはどういうことかというと、普通、みんなで完全競争をしていると利益が出にくいのですが、良い独占をすれば利益が出ます。では、良い独占とはどういうことか。企業の戦略で、差別化戦略というものがあります。携帯電話の例で考えてみると、携帯電話はスマホも含めていろいろ種類があります。中でも今はiPhoneを持っている人が多いかと思いますが、iPhoneは類似の商品に比べて高いですよね。でも、それはiPhoneだから買いたいという人が多くいて、スマートフォン市場と

---

1. Pew Research Center, "Spring 2015 Global Attitudes Survey"

いう大きな市場ではなくて、iPhone 市場という小さな市場で勝負ができているということになります。すると、少しぐらい価格が高くても、多くの人に買ってもらえる。

では、この話を皆さんの話に引き寄せましょう。皆さんが就職した当初は、横並びでスタートするかと思います。そこで、会社の中で、あいつ、ほかの誰かと一緒だよな、と思われるのではなくて、この仕事はあの彼・彼女にしかできないよな、と思われるようになっていかなければいけません。ほかの人がやれることではそのうち稼げなくなり、あなたがほかの人より優っているものがないと一定以上の評価が得られなくなります。別の言い方をすると、競争を通じて皆さんひとりひとりに本当に適した仕事や能力の発揮の仕方を見つけていかなければならないということです。

小さなコミュニティーで育って考えたこと

厳しいことばかり言っていても夢が持ちにくいですね。では、話題を変えて、私がどのような理由で公正取引委員会、国家公務員という仕事を選ぶに至ったかについてお話しします。もともと私は東京出身ではなくて、愛知県の西の方の出身です。社会の授業で習ったことがあるかもしれませんが、濃尾平野に複数の河川が流れていて輪中と呼ばれる集落が見られる地域です。そこで 18 歳まで過ごしました。ものすごく田舎です。どのぐらい田舎かというと、低湿地帯なのでレンコンがなる蓮田があります。蓮の葉が通学路の道端から手が届くところにたくさん生えています。農家の方に怒られるのですが、雨が降ると小学 1 年生などは蓮の葉を折って傘にしたりしていました。また、小学校のそばには豚舎があったのですが、ある日、騒がしいなと思って校庭に出てみると、豚が逃げ出して校庭を走り回っている。そんなところで育ちました。

これらがどのように私のキャリアにつながっているのか。こうした田舎では地域コミュニティが非常に強いものとして存在しています。私自身 3 世代同居の家族で育ちましたし、地域の人たちはみんな自分のことを知っています。近所の大半は名字が神田です。だから、「神田さん」ではなくて、下の

名前で呼ばれる。「あそこのおじいちゃんのところのお孫さんですよね」と言われる。そういった中で育っていると、自分はコミュニティに助けられて生きているんだなと、子どもながらに思ってくる。後ほどお話ししますが、そのような気持ちが最終的に公務員を職業として選択した背景にあります。それと同時に、新しいところへ行きたいなという思いを子ども心に抱きながら、小学校、中学校と育ちました。そんな田舎の小学生、中学生が、その後どう人生を歩んだかですが、田舎でも読書好きで勉強しているうちに、だんだん外のことに目が向いてきて、世の中ってどうなっているんだろうということを考え始めました。

思春期を迎える頃にはベルリンの壁が崩壊し（1990年）、ソ連も崩壊（1991年）しました。東側といわれていた競争のない社会がなくなっていく。アメリカの歴史学者で、この状況を見て、「歴史の終わりだ」と言った人がいます（フランシス・フクヤマ[1]）。このように世界がどんどん動いているのを知り、高校生の時には、外交官になりたいと思っていました。では、外交官は何をやっているのか。今まさに貿易交渉などをやっているように、外交でもかなりの割合で経済問題を扱っているということが分かってきて、経済への関心がこの時生まれ始めました。

この時の経済状況としては、ちょうどバブルの後の失われた10年、20年と呼ばれることになった時代で、大きな銀行や証券会社が潰れたりして、日本の経済は駄目なんじゃないかという声が大きな状況でした。一方で、今につながるように、例えばベンチャー企業ができたりして、新しい経済の動きも出てきました。そうした経済活動に何らかの形で貢献したいと思い、大学3年生での就職活動を迎えました。

国家公務員を志した理由

最終的には国家公務員になりましたが、公務員だけを志望していたわけで

---

1. フランシス・ヨシヒロ・フクヤマ（1952-）アメリカの政治学者。日系2世の父と日系3世の母を持つ。主要な著書として『歴史の終わり』『人間の終わり』など。

はありません。日本の誇りを支える経済に何か貢献できるものというと、例えば金融機関などに就職活動をしました。しかし、民間企業、特に株式会社は最終的には誰のものかというと、理論的には株主のものであり、少なくとも経営者は株主の存在を無視できません。株主にきちんと利益を還元することが民間企業の役割だと考えた時に、自分には合わなさそうだと思いました。そんなことを考えながら、大学2年生から3年生を過ごしていました。

先ほど自分の生い立ちの話をしましたが、私自身は、自分の力を一企業のためではなくて、自分が育ってきた環境に還元させたいなという思いが強かった。自分を育ててくれたコミュニティーやその基礎となっている社会、環境に何らかの形で貢献したいという思いがありました。その単位は、人によって、世界だったり、国だったり、地方自治体だったりするかもしれませんが、自分が1番恩返ししたいのはどこかと考えると、やはり日本なのだろうと思い、国家公務員として公益の追求を志しました。

私は法学部生だったので、公益追求といえば弁護士も選択肢になってくるかと思います。しかし、弁護士さんのお話を聞くと、基本的にはクライアントであるお客さんからお仕事が来て、それを解決するのが仕事の中心ということでしたので、それも自分のやりたいことと違うと感じました。もっと根本的にルール・制度決定から携わりたい。すると社会起業家をやったらいいじゃないかと思う人もいるかもしれません。もちろんそういうことが向いている人、そういう能力がある人には良いと思いますが、自分の能力をより効率的に社会に還元するにはどうしたら良いかと考えた結果が、国家公務員という「組織」で働くということでした。いろいろな人材や予算もあるし、権限もある。そういうところで自分の力を生かしていくのが、自分としてより効果的に社会に還元できることなのではと考えました。

時代の流れを読むのも大切

ではなぜ公取委を選んだのか。いくつか理由があるのですが、ひとつは学際的な専門性です。公正取引委員会では、法律と経済が交わるような分野を取り扱っていて、自分の能力をできるだけ幅広く活用して働きたいとの思い

と合致していたということがあります。加えて私が考えたのは、これから成長していくところで働きたい、ということでした。国家公務員になるのであれば、歴史の長い役所、例えば財務省などで働くのもいいかもしれません。一方、既に組織も仕事の在り方も確立している大きな役所で働くよりも、小さな役所で活躍する方が、自分の力が社会へのより大きなリターンにつながるというひとつの確実な道だろうと思って、小さいけれども今後伸びていきそうな役所を探しました。

結果としては当時の見立てが当たり、職員数で言うと、2000年に役所に入った時は500人を超える程度だったのが、今は800人以上になっています。国の役所（中央官庁）は、通常はもう少し職員数が多くて少なくとも2000～3000人ほど在籍しているのですが、公取委は小さいなりに、また国家公務員の全体の数が減っている中で、職員数が伸びています。

皆さん、時代はどんどん変わっていきますが、それに応じてこれからキャリアを考えていってください。もちろん完全に的中させることは難しいと思いますが、世の中の流れがどちらに向かっているのか、何となくこちらに向かっているのだろうということを考えて続けてほしいと思います。

特定の人のためではなく、みんなのために働く

残念ながら日本の企業は独禁法違反で世界各国で摘発されています。数年前にEUに出向していた頃、周りはスペイン人やドイツ人など、ヨーロッパの国の人しかいなく、日本語を話すのは私ひとりでした。実際にした仕事としては、例えば、ある日本の重電メーカーをEUが摘発した事例があり、その裁判にも参加しました。ルクセンブルクにあるEUの裁判所です。私は競争を推し進める側にいるということで、日本人ではあってもEU側として働きました。日本のために働くと言いながら、実際には日本のために働いていないじゃないかと思われるかもしれませんが、市場で競争をするというルールのもとで、世界で同じ方向で働いている。それが最終的には日本の、特に消費者のためにもなるという思いで私は働いていました。

このように、競争法の世界では、競争を推進するというひとつの目標に向

かって働くことなります。これは私の志望理由にも関係するのですが、組織の方向性が明確ということが役所を選ぶ上で重要だと思ったことのひとつです。当時の私は、ある特定の業界を保護するような仕事は自分としては選びたくないと思っていました。仕事のやりがいや精神衛生という面で、誰か特定の人のために働くのではなくて、直接的な利益は目に見えないけれども競争というひとつの価値、機能に向かって働けるということが自分には性が合っているなと思ったので、公取委を選びました。これは私が公取委に入る時に考えていたことですが、十数年経った今でもこの気持ちに変わりはありません。

自分にとっての幸せを考えよう

　ここまでは私自身の話をしてきましたが、次は変わって、人事担当者としての立場からお話しします。官庁訪問は知っていますか。官庁訪問というのは民間で言う就職の面接みたいなものです。総合職試験、昔で言うところの国家Ⅰ種試験[2]を受けて、試験に合格したら官庁訪問といって民間企業への就職活動と同じように面接を受けます。私は人事担当として何百人もの学生さんに会って面接をしてきました。その中で感じたことをお話ししていきます。

　まず自分がどういう人かをよく理解してください。例えば、自分は国家公務員に興味がある、公取委に興味があると思っていたとして、本当にそれが自分の人生の中でどのぐらい大事なんだろうということをよく考えてもらえればと思います。

　あるエピソードをご紹介します。公取委というのは小さな役所なので、私は総合職の人だけでなくて一般職の大卒の人や、高卒の人の面接もします。一般職の面接で内々定を出して、「公取委に来てくれるよね？」「はい、来ます。公取委で一生働きます」と言っていた学生さんがいました。3日後になって、「すみません。内定辞退させてください」と電話がありました。理由

---

2. 国家公務員の採用試験体系は、2012年度に変更。

を聞いたら、「彼女に反対されました」と。「彼女はどうして駄目って言ったの？」と聞いたところ、公取委は東京以外への転勤があるのですが、「転勤がある仕事は駄目だと彼女が言いました」と。信じられないと思う人もいるかもしれませんが、そういう人もいます。

　彼にとっては、公取委で国家公務員になるよりも彼女との生活の方が、少なくともその瞬間は大切だったのだと思います。そういうことも含めて、皆さんが何を大事にしているのかを自分なりによく見つめることが重要です。その時に、あなたはどういう人ですかということを語れるようにしておいてください。あなたはどういう物語があってここにいるのか。それも単に、例えば自分は田舎で生まれたんで、自然が好きです、みたいな単純なものではなくて、どういう生い立ちで、どういう環境で育ってきて、どういう時に何を感じるのかということも含めて語れるようにしておいてもらいたいなと思います。

　逆に注意してほしいのは、就職活動（就活）をするとそういうことをやたらと聞かれるために、自分でも気付かずに自分を偽ってしまうようになることです。「君、何をやりたいの？　何でそれをやりたいの？」と質問され、1日5回、10回、毎日毎週話していると、だんだん自分の話していることが、少し創作が入っていたとしても本当のように聞こえてきます。例えば銀行に入りたいから金融に興味があるという理由を、自分で必死に、嘘でもいいから考え出していくことになります。そこはよくよく注意しないと、銀行に入ってから私って金融に全然興味なかったということに気付くこともあります。就活では、選ばれるために皆さん必死になるかと思いますが、自分で言っている言葉が本当に正しいのか、本当にこれって私の言葉なのかということはよくよく考えてみてください。

自尊心を持とう

　次に社会人になった後を想定してお話しします。これからお伝えしたいのは、私が今日お伝えしたいことの中で大事なことですが、自尊心（セルフ・エスティーム）、自分を尊重するということ。自分に自信があると言っても

いいのかもしれませんが、それを一定程度持っていてほしい。実際にある業務に携わることができる環境にいるというだけで仕事は長続きしない。国家公務員も含めてこれから皆さんはいろいろな仕事に就かれると思いますが、すごく辛くて、逃げ出したい、こんな仕事辞めてやる、と思う時が必ず来ると思います。その時に私が大事だと思っているのが、自尊心です。

　私が言う自尊心とは何か。ひとつは有意味感、物事には何らかの意味があるという感じを持てるか。仕事ってつまらないことや、不合理なことがいっぱいあると思いますが、それに何らかの意味を見出す力があるか。もうひとつは、全体的に把握する力です[3]。例えば、国家公務員として法改正を担当していたとしましょう。ある偉い国会議員のＡ先生を説得したと思ったら、次の日、全然違うことでＢ先生からまた実現不可能な要求がきた。もう絶対この法律はできない、と見通しが立たなくなることがあります。そんな時でも、実はＡ先生とＢ先生に説明して納得してもらえればそれで終わりだよね、というような考えを持てるように、全体、先を把握する力。それがないと就活でも仕事でも、自分がトンネルのどこにいるか分からなくなってしまって、途中でつぶれてしまう。そういうことがないように、自分はこれだけ見通せるんだ、これだけやれば大丈夫だと思えるような人を、採用担当者としては選びたいなと思っていました。

　では、それはどうすれば身に付くのか。

　就活で一般的に聞かれるかと思いますが、「学生時代に何をやったの？」という質問に対して、例えば「サークルのリーダーをやりました」と答えたくなるかもしれません。しかし、面接官としては、「サークルのリーダーって、自分で手を挙げてやったの？　どういう困難に直面したの？　どのように考えてそれを解決したの？　成功したなら、何で成功したと思う？　失敗したなら何で失敗したと思う？　その後何か改善しているの？」と、こういうことが聞きたい。

　自分の行動、今まで生きてきたことを、その都度自分なりに考えて、終わ

---

3. 松崎一葉（2017）『クラッシャー上司——平気で部下を追い詰める人たち』、PHP研究所。

ったら振り返って、それが成功でも失敗でも、次に少しずつつなげる。そういうことを繰り返しやっていると、自分はここまでできる。でもここから先はできない。ここから先はできないけど、例えば、友人が助けてくれることもあるとか、社会が助けてくれることもあるとか、そういう見通しを何となく持てるようにしてもらいたい。これが私が人事担当として重要だと考えていた自尊心です。

　加えて、これは私が人事課時代にも管理職になっても思うことですが、モチベーションも大切です。能力があっても、うまくいかない仕事は必ず存在する。その時にどうやって自分でモチベーションを上げられるか。私はこれが一番大事だと思っています。どういうことかと言うと、周りの人がやる気をなくす難所にあっても、自らやる気を出して、さらに周りの人もやる気にさせる力です。それは結局何のために働いているのかとか、自分はこのためにはこれぐらいのことができるんだという感覚があって、自分なりにやる気が出せるということなのだと思います。

学位の違い

　精神論の話をしたので、テクニカルな話をします。皆さん理系の人や経済学部とか文科三類の人も含めて、修士号を取ったり、Ph.D.（博士号）を取りたいと思っている人もいるかもしれません。私自身は学部卒で就職して、アメリカの大学院に国費留学で行かせてもらいました。

　公取委の人事課でも Ph.D. を持っている人を何人も採用したり、エコノミスト、経済分析ができる人や弁護士を外部から専門家として雇ったりしています。その時には、学位の違いについて次のように考えていました。Ph.D. を持っている人に期待していたのは専門的な分析や考えなどを単独で生み出す力があるということです。

　では、修士はどういう人なのか。Ph.D. の人が何かを生み出す人だとして、学部卒の人が生み出されたものを使って実行していく人だとしたら、その媒介者になる人なのかなと思います。つまり、自分では何かを生み出すまでの力はないかもしれないけれども、例えば、彼がつくったこの統計にはこうい

う意味があるんだよ。だから、君がやっているこの仕事にはこういうふうに役立つんだよという形で、やり取りをつなぐぐらいの力がある。私はそんなふうに学士、修士、博士を見ていました。

　私はもともと法学部を卒業したのですが、20代の頃に下請企業を保護する法律を改正した際に、その法律は真に役に立っているのだろうかと考えていました。役に立っているかどうかというのは、法学的観点からではあまり見えてこなくて、経済学的観点から分析してみないといけない。自分でそれを1から新たに分析するには足りないけれども、きちんと論文を読んで、それが本当に役に立っているのかぐらいは分かるようになりたいと考え、最終的に公共政策大学院に行き、経済学を中心に勉強しました。

　皆さんも、今後進路を考えるに当たって、自分のやりたいことと取得しようとする学位が対応しているかをよく考えてみると良いと思います。

リーダーとフォロワーの役割

　ところで、皆さん TED トーク（TED Talks）ってご存じですか。では、裸の男が踊っている映像を見たことがある人はいますか。TED トークで有名な、リーダーシップに関するデレク・シヴァーズの「社会運動はどうやって起こすか」という動画[4]です。

　ある公園で上半身が裸の人が踊っています。単におかしな人が踊っているようにしか見えないのですが、2人目の人が入ってきて、何だか楽しい感じに。恥ずかしいけれどもどんどん踊り続けていますが、周りのみんなはしらっと見ています。だんだんとまたひとり面白いなと思ってついてきてくれる。3人を超えると、もうこれについていくしかないということで、どんどん人が入ってきて、最終的には大きな輪になっていく。

　最初に裸で踊るというリーダーの役割はもちろん重要です。一緒に踊ると面白い、ということを周りに見せてあげる。ただ、それだけではなくて、2

---

4. デレク・シヴァーズ「社会運動はどうやって起こすか」https://www.ted.com/talks/derek_sivers_how_to_start_a_movement?language=ja1 （2019年2月4日閲覧）

番目、3番目にリーダーに続いて踊ってあげるということも、同時に大事だということです。フォロワー、ついていく人という意味ですが、フォロワーシップという言葉もあって、ある世界観や問題意識をきちんと持って始める人を適切なタイミングでサポートしてあげるというのも実は重要なことなんだ、ということを説明している動画です。

　これを仕事に置き換えてみてください。皆さんが就職したら、きっとつまらない単調な仕事を与えられることもあると思います。その単調な仕事に主体性をもって取り組む。そうするとそのうち誰かが見てくれていて、彼・彼女がやるべきだと思っていることなら、協力してあげようと言ってフォロワーが現れ、自分でやれることが少し広がる。踊りに参加した人たちのように、彼・彼女についていけば、もしかしたら楽しいことが起こるかもしれないという信頼ができていくと、もっと大きなことになるかもしれない。ほかの人が見ていないけれどもこの先、3ヵ月後、1年後、5年後、こういう社会・組織にした方がいいよねというものを考えて、皆さんで語って、踊ると楽しいよねと言えるような、そういう振る舞いをいつかできるように毎日を過ごしてもらいたいなと思います。同時に、高くアンテナを張り、踊り始めた人を早く見つけて、一緒に踊ってあげられる人になってほしいと思います。

私の踊り方

　では、あなたはやっているのかと皆さん思われるかもしれません。動画ほど大きく踊れているかどうかは分かりませんが、私が今どんな仕事をやっているかをご紹介します。そもそも公正取引委員会はカルテルを取り締まったりするので、立入検査、いわゆるガサ入れをしたりします。会社にある日突然訪問して、書類をたくさん預かってきます。その後、取調室で事情聴取をしたりして、違反を解明するというのが私たちの仕事の重要な部分です。

　でも、取り調べというのは、実は取り調べる方にもすごく精神的な負荷がかかりますし、実際になかなか話してもらえず、事件がなかなか解決しないことがいっぱいあります。そこで、少し前に、供述聴取にあまり頼らなくても事件を解決できるように、証拠となる資料を電子的に一括で解析できる特

殊なソフトを導入したのですが、ある程度活用が進んできています。さらに今やろうとしていることは、AIを使ってできるだけ機械に作業をしてもらおうということです。

現場からはなかなか理解が得られず、「そんなのに頼っていられない」「コンピューターなんて使わなくても解決できる」という意見がたくさん上がります。そういう人たちを何とか説得して、先ほどの踊る話ではないですが、取りあえず言い出してみてやってみる。実際に今は反対が多いのですが、協力してくれる人、2人目、3人目で踊ってくれるような人を見つけてきて、今使ってみてもらっているといった状況です。

皆さんが参加しているゼミやサークルなどで、何かをちょっと変えたいなと思った時に、不満を言う人もいるかもしれません。その時、裸踊りまではできないかもしれませんが、まずは何らかの踊りを踊ってみてもらいたいと思います。また、本当に皆さんが社会に貢献したいと思うなら、今世の中にある組織、ツールをできるだけ活用してもらいたいと思います。皆さんには、単に対症療法だけではなくて、知見を生かして、制度設計も含めて世の中の問題を解決していこうと思ってもらいたいと考えています。そして、それができるのが公務の魅力です。

私は国家公務員ですので公務のお話をしましたが、最初にお話ししたように、何が「できる」かに加えて、何をしたいか、「何のためにする」かということを考えてください。単に何ができるかではなくて、何と何ができるので、こういう価値が提供できます、それによってこういう社会をつくりたいです、ということを皆さんに考えてもらいたいと思います。

まだ誰もやっていないことを見つけよう

経営学で使われるレッドオーシャン（赤い海）、ブルーオーシャン（青い海）という言葉があります。レッドオーシャンというのはすでに誰かがやっている競争の激しい市場のことで、これから新たに始めても利益の出ない領域です。それに対してブルーオーシャンというのは、今はまだ誰もやっていない領域を指します。そこには新しい可能性が広がっている。

皆さんが、「自分はこれができる、ほかの人よりこれがもっとできる、これをやりたいんだ」ということで、ひとりひとりが仕事を選択していく。最初に私の生い立ちを話したように、皆さんもそれぞれ育ってきた環境など違うと思いますが、他人と違う人が違うことをやることで、もしかしたらさらに新しいブルーオーシャンが発見できるかもしれません。そういうものを皆さんに、残りの学生生活をかけて、また社会人になっても続くと思いますが、見つけていってもらいたいと思います。

　そして一番最後に皆さんにお伝えしたいのは、今の自分を培ってくれた周りの環境などによく思いを馳せた上で、自分にとっての幸せについて考えてもらいたい、ということです。

　以上は、あくまで私という皆さんとは違う個人が生きてきた上での考えなので、皆さんそれぞれ違うことを思われるかもしれませんが、皆さんがこれからを考えるに当たって何らかのヒントになればいいなと思っています。

CHAPTER Ⅱ 社会の基盤をつくる

投融資で開発を支援する
──開発援助機関という選択

2017.10.6 LECTURE

小川 亮
Ryo OGAWA

国際協力機構 民間連携事業部（所属は講演当時）

PROFILE 2003年東京大学法学部公法学科卒業、国際協力銀行（JBIC）入社。経理担当、インドネシア担当、経営企画担当を経て2008年10月にJBICのODA部門とJICAの統合の結果、現在のJICAに転籍。転籍後半年で再びインドネシア担当部門に異動。主に地下鉄や地熱発電所などの大型インフラへの政府向けファイナンスを担当。その後、より開発途上国のニーズに応えるべく法律の専門知識を磨くため、米国ニューヨーク州フォーダム大学法科大学院に1年間留学。帰国後、法務部門にて主に民間セクター向け投融資の法務審査などを担当。その後、現在の部署にて、開発途上国の民間企業によるインフラ事業等に対して投融資業務を担当。米国ニューヨーク州弁護士。

国際協力とは

　皆さん国際協力機構（JICA）という組織をご存じでしょうか。実は私は学生時代は知りませんでした。JICAは、2003年に設立された独立行政法人です。開発途上地域の経済と社会の開発、および復興又は経済の安定に寄与することを通して、国際協力の促進ならびに日本や国際経済社会の健全な発展に資するということで、1800人ぐらいの職員と約120の拠点を持って仕事をしています。今新卒採用で採るのは東大の人が多くて、40人ぐらいのうち10人ぐらいが東大出身者です。また、JICAの特徴は半分ぐらいが女性だということで、女性比率が非常に高い。国際協力というもの自体に関心を持たれる女性が多いのかなと分析しています。

　国際協力にはいろいろな人が携わっています。政府だけがやっている仕事ではなくて、国際協力が多様化しています。その中でまさに昔から行われている援助というのが、先進国から途上国に対する援助で、それが政府開発援助（ODA）と言われています。これは日本ではJICAがほぼ単独でやっている事業です。そういう意味では一種の独占機関ということになっています。国際協力というとイメージ的に国連で働いてみたいなと思われる方もいると思いますが、国連や世界銀行は国際機関にあたりまして、そういうものを多国間援助と呼びます。

　JICAの事業規模は大変に大きいです。世界で一番のドナーと言われているのは世界銀行です。アメリカ、日本、中国等世界中の国が資本を拠出している世界最大の国際機関ですが、その世界銀行と比べて開発件数であったり、規模であったり、決して見劣りしません。フランス開発庁（AFD）と比べても大きな規模で国際協力を行っています。

人づくりやインフラづくりの支援

　我々が何をやっているのかというと、途上国に対する支援がひとつの大きな要素です。気候変動や貧困、紛争、感染症、教育、経済危機など、いろん

な国で起こっていますが、こういうものに対して、日本から途上国へ支援を行っています。逆に、それによって何を得ているのかというと、開発途上地域と日本との間の相互依存関係を促進することによって、日本がより信頼される国になる。それが、日本の安全保障や食料安全保障など、様々な形で日本に対しての貢献になりますし、JICA の責任のひとつでもあると考えています。

　では、実際にどういう協力をやっているのか。ひとつ目は、人を通じた協力ということで、技術協力です。人を育てるということが技術協力になります。例えば、専門家の派遣や研修生の日本への受け入れなどをやっています。2 つ目の有償資金協力というのは、分かりやすく言うと銀行と同じ業務です。私はそこを中心にやっていたのですけれども、途上国政府に対して低利・長期のローンを貸し付けて、そのローンを使って途上国に様々なインフラをつくっていただいて、経済開発に資してもらうというものです。3 つ目は無償資金協力です。例えば、学校、病院、道路、井戸などを無償で途上国に供与するものです。返済を課さないので供与と言いますが、こういうことをやっています。

　この 3 つに比べると事業規模としてはあまり大きくないですが、市民参加協力ということで、青年海外協力隊の募集を出しています。シニア海外ボランティアとかですね。このボランティア事業はオペレーションの中では小さいですが、世間的には目立つもので、皆さん一度は電車の広告として見たことがあるかと思います。ところで、シニア海外ボランティアって何歳からだと思いますか？　普通は 60 歳だと思いますが、なんと 39 歳からシニア海外ボランティアです（笑）。ひどい話でしょう？　私は 38 歳ですが、JICA の基準で言うと来年からシニアです。それ以下の人が青年海外協力隊ということで、ボランティアを行っていただいています。

　また、ニュースになることが多いのは、国際緊急援助隊です。例えば、2010 年に大きな地震が起きたハイチで、サイクロンが発生した時に医療チームを派遣するといった活動です。私も場合によってはこういう援助に行く可能性があります。

　ここまでが JICA の全体の説明でした。次は、皆さんが実際に働く時のイ

メージを持ってもらうために、私自身は何をやっているのかということについていくつか紹介したいと思います。

私が援助の現場でしていること

　ここからは、現在から過去にさかのぼってお話したいと思います。
　国際協力というと今はいろいろな関わり方があります。いろいろな企業にはじまり、NGOや国際機関も関わっています。正直言うとJICAのような組織はその一部でしかないわけです。ただ、JICAでは、どちらかというと開発途上国政府を支援しているというのが主です。私の部署は民間連携事業部の海外投融資課ですが、JICAという公的な機関ではあるものの民間企業と連携しながら事業を行う部署になります。投資というと分かりづらいかもしれないですが、株式を買うことです。開発途上国の企業の株式を買う、もしくは融資ということでお金を貸すという、いわゆるファイナンスの仕事をしています。15人ぐらいのチームで、そのチームを率いているチームヘッドという立場で仕事をしています。
　利益が出ている案件もあったり、まだそういう段階にない案件もあったりして、銀行に近いことをやっています。これはなぜかというと、実は途上国に流れている資金の中で、援助と言われているものは1割程度しかない。7～8割は、民間からの資金などが占めるようになっているのです。ですから、いわゆる援助と呼ばれていたものは形を変えてきています。
　民間の資金が先進国から途上国に流れていく。それによって経済的な活動が生まれてくる。この流れをどのように生み出していくのかというところが、公的機関である我々の役目になっています。その中で私の部署では投資をしたり融資をしたりすることで民間のビジネスをサポートしながら、それが開発途上国の経済開発に資するように、側面的にサポートしています。

「『サービス』を売る」を援助する

　では、一体どういうプロジェクトをやっているのか。カンボジアという国

が東南アジアにあります。昔は内戦があった国で、1980年代までは内戦が激しくて、今でも地雷が大量に埋まっている国のひとつでもあります。そのカンボジアの首都にプノンペンという街があります。私も3回ほど行ったことがありますが、プノンペンにサンライズ・ジャパン・ホスピタルという病院ができました。これはカンボジア政府がつくったわけでもないし、カンボジアの地場のビジネスマンが建てたわけでもなく、日本の企業がつくっている病院です。皆さんの中で東京・八王子方面にお住まいの方はご存じかもしれませんが、北原病院というのが八王子にありまして、脳外科を中心にやっている病院です。その北原病院と官製ファンドの産業革新機構（INCJ）と日揮株式会社（JGC CORPORATION）がつくった病院が、サンライズ・ジャパン・ホスピタルです。それに対してJICAが融資を付けさせていただくことによって、このプロジェクトは成立し、その結果、病院事業として成り立っています。まだ2016年にできたばかりですが、これからの成長が期待されています。

　私もこの融資に携わりまして、日揮株式会社や産業革新機構とずっと、どういう条件で融資を出すかということを交渉したり、マーケットの調査をしたりしながら、融資までつなげました。繰り返しになりますが、ではなぜJICAのような組織がこれを支援しているのか。我々は政府開発援助の実施機関だというのがありますので、途上国を支援するという目的がどうしてもあります。日本人医師や看護師を中心として質の高い医療サービスを提供することによって、カンボジアにおける高度医療や緊急医療水準の向上に資する。日本式の病院がプノンペンにできるということです。

　正直に言うとプノンペンの病院の水準は高くありません。カンボジア人のお金持ちは骨が折れるとどこへ行くか。シンガポールに行きます。みんな飛行機に乗って骨の治療に行くのです。中には、捻挫というだけでも行く人もいるという話もあります。それぐらいカンボジアの病院は信用されていない、特にお金のある方には。これは外貨が外へ流れていくことでもあります。骨の治療のためにシンガポールに行って、シンガポールで治療して、また戻ってくる。すると、下手をすると30万円ぐらいの支出、お金がカンボジアからシンガポールに流れるわけです。それがカンボジアで治療できるようにな

れば、その30万円はカンボジアに残ります。それはカンボジアの経済開発のためにいずれ使われていく。そういうわけで我々はこのプロジェクトでカンボジア人の医師や人材育成を支援しています。

　これが先ほど言った途上国の支援ですね。逆に日本にとってどういう利益があるのか。日本式の医療を輸出していくというのは、日本政府の方針のひとつになっています。日本は今売れるものがだんだんなくなってきています。皆さんが思っている以上に日本の商品は世界で売れません。一番売れるのは自動車で、それは確実に今でも売れています。一方で、今まで日本が最先端のものだと思ったものの多くが、現在ではほかの国でもつくれるようになってきているのです。ですが、サービスというのはそんなに簡単に真似ができません。日本式の医療というサービスを売っていこうというのが、日本の今の医療戦略になっていて、我々はこれをサポートしているというわけです。

国と国をつなぐ、雇用を生み出す支援

　ミャンマーという国をご存じでしょうか。ミャンマーのヤンゴンという経済首都の近郊に、ティラワという工業団地を今つくっています。もう完成したのですが、これに我々は投資をする形で関わっています。将来的には、ヤンゴンから20キロほど南にある地域に大きな工業団地をつくっていくというプロジェクトを、今日本とミャンマーの両国が推進しています。住友商事、丸紅、三菱商事とミャンマー側のパートナーと一緒につくった、ミャンマー・ジャパン・ティラワ・デベロップメント社という工業団地をつくるための会社をみんなでつくって、開発を進めています。我々はそこに投資などを行いながらサポートしています。

　なぜこういう事業を我々はやっているのか。その開発途上国にとって何になるのか。日本にとって何になるのか。その視点からすると、最近新聞で若干批判的に書かれることが多いですが、2016年にノーベル平和賞を受賞されたアウンサンスーチー氏[1]の件が良い例です。

　ミャンマーという国は、2011年に開放政策を進めるまでは極めて鎖国的な軍事国家でした。2011年に軍事政権が改革開放を宣言して、それから特

に日本企業にとっては最後のフロンティアと呼ばれ、多くの企業が今進出している国です。アウンサンスーチー氏が、民主的な選挙で、(いろいろな理由があって大統領にはなれませんでしたが)国家顧問という形で国を率いることになり、欧米諸国もミャンマーという国をやっと認めるようになりました。そして、今ミャンマーという国が非常にいろいろな国から支援を受けているわけです。日本にとっても東南アジアにおいて極めて重要な国のひとつです。

　その国とのつながりをより強化するためにも、我々はこのプロジェクトを日本とミャンマーの所得プロジェクトという形でやっているわけです。ミャンマーという国は、所得レベルが最貧国レベルです。年間のGDPが、人口当たり1300ドルいくかいかないかというレベルだと思います。ミャンマーには外貨を獲得する手段が多くありません。日本は自動車や電気製品など、いろいろなものを輸出して外貨を稼いでいますが、ミャンマーが唯一外貨を稼いでいるのはガスです。ガスを中国とタイに輸出しています。その次に続く外貨獲得手段は農林水産、漁業です。木を切って、木材を輸出したり、そういうことしかなくて、それではなかなか経済発展していかない。経済発展のためには製造業が必要です。製造業で雇用が生まれて、ものがつくられ、それが輸出されて外貨を稼ぐことができる。その時に、生産の拠点として工業団地が必要だということで、ミャンマー政府の非常に強いイニシアティブもあって今このプロジェクトを民間企業と一緒になってやっています。このプロジェクトは幸運なことに成功していまして、ほぼすべての用地が完売して、工場が建ち続けています。将来的には4万人ぐらいの雇用が生まれると言われていますが、4万人の雇用を生むというのは経済にとって非常に大きなインパクトがある話なので、ぜひそこまで行き着いてほしいなと思っています。

---

1. アウンサンスーチー(1945-)　ミャンマーの非暴力民主化運動の指導者、政治家。敬虔なテーラワーダ仏教徒として知られ、現在は、国民民主連盟党首として活躍する。1991年にノーベル平和賞を受賞。

規模の大きい仕事を20代からできるやりがい

　もうひとつキャリアに関して、もう少し違った視点でこういうことをやりましたということを説明します。インドネシアとはどんな国か。インドネシアは、東から西までかなり大きい国で、大体アメリカ大陸と同じぐらいの長さがあります。様々な島で成り立っている国で、日本と同じように島国です。2億人を越える人口がいて、今も人口が増え続けています。この国に対しての日本の援助を指揮していて、いろいろなプランニングをしたり、いろいろなプロジェクトをつくったりしていました。実際にどういうプロジェクトを行っていたかを紹介します。

　インドネシア国内で大きな島はカリマンタンとパパアですが、首都はジャワ島のジャカルタになります。ジャワ島というインドネシアの中では小さい島に1億以上の人たちが集まって暮らしています。ジャカルタの周辺地域を含めると2000万人ほど住んでいて、東京都よりも人口は多いです。大都市を形成するというのは経済活動にとっては良いことではあるのですが、その結果、今ジャカルタは世界で最大の交通渋滞都市になっています。1日中すべての道が埋め尽くされている。本当の話ですが、ジャカルタで登録されている車の数とその面積を掛けると、ジャカルタの道路面積よりも大きくなると言われています。その結果として、まるで車がうごめいているかのようにみんなが車で移動し、大変な経済的損失になっています。

　この国は何でこんなことになってしまったのかというと、地下鉄などの公共交通機関がないという実態にあります。東京の人たちは車を持たなくても生活できます。皆さん通勤は普通電車を使うからです。車で通勤される方もいるかと思いますが、私のような平民は地下鉄で行きます。1000万人を超えると地下鉄がないとやっていけないと言われていますが、2000万人になっても地下鉄をつくっていなかったこの国は、そういう意味では都市計画が思う通りにはうまくいかなかった都市の一例ではないかと思います。

　今は南北線と東西線という地下鉄をつくろうとしています。これをつくるには莫大な資金が必要になります。現在つくっているのは、レバブルスから

ブンデラン HI（ホテルインドネシア）までの約 15 キロの地下鉄ですが、これをつくるのに 2000 億円規模の資金が必要です。この資金をなかなか途上国は準備できない。なので、日本から融資という形で資金を借りてくるわけです。私はこの融資を担当していまして、インドネシアという国にこの事業をスタートさせることに微力ながら貢献させていただきました。2018 年 12 月開業を目指して工事が進められています。

　ちなみに、これは私が 29 〜 30 歳の時にやっていた仕事です。多くの会社の話をお聞きになると思いますが、こういう大きな仕事を 20 代からできるというのはうちの会社の良さかなと思います。

　もうひとつ私が融資を付けた地熱発電所の事業を紹介します。ラヘンド地熱発電所というもので発電容量は 20 メガワットぐらいだったと思います。今、日本でも地熱発電所が叫ばれていますが、インドネシアというのは大変に地熱エネルギーのポテンシャルが高い国です。クリーンであり、かつその国で生産されるエネルギーを使って発電できるのですが、日本が高い技術力を持っているということで、このようなプロジェクトに融資しました。これは 60 億円ぐらいの案件だったと思いますが、こういう案件に融資をして、途上国が発電所をつくり、その結果として電力という、産業にとって基本的なものがクリーンな形でつくられていくというわけです。私がやっていたのはまさにインドネシア政府に融資を付け、インドネシア政府がそれを使って発電所や地下鉄をつくるということでしたが、インドネシア政府との交渉などを 20 代の頃からずっとやっていました。

会社の研修制度を利用して留学

　2012 年に、会社の研修制度を使って留学させてもらいました。32 歳ぐらいだったと思います。LL.M.（Legum Magister, 法学修士）を取得しに、米国ニューヨーク州にあるフォーダム大学法科大学院に 1 年間だけ留学をしました。なぜ法律を学ぼうとしたのかというと、ファイナンスをやっていると最終的に契約書を作成するので、弁護士というのがどうしても入ってきます。もちろん外部弁護士を使うのですけれども、うちの会社は今もそうなの

ですが、弁護士とまともに会話できる人がなかなかいません。法学的素養（リテラシー）がないのと、弁護士が話す専門用語が分からない。自分が皆さんと同じ学生だった頃、勉強していませんでした。あまり法律に関心がなかったのですが、働き始めて、やっぱり法律を勉強しておけば良かったなと思いまして、会社にお願いして留学させていただきました。

　すごく素敵な1年間でした。留学先のフォーダム大学のロースクールはマンハッタンの中にあります。もちろん勉強はしましたが、ニューヨークでの生活は非常に良かった。ニューヨークは旅行先としてもおすすめします。どういうことを学んでいたかというと、会社法、M&A、破産法、銀行規制、国際仲裁、国際投資など。こういうものを勉強して、今実際にすごく役に立っています。

　留学をして、今ニューヨーク州弁護士の資格も持っています。その資格を持っているだけでは弁護士として日本では働けないのですが、ただ名刺を出すと、「ニューヨーク弁護士なんですね」と、お客さまとの間で一瞬話題がもちます。ただそのために登録料を年間400ドルほど払っていまして、あまり割が合わないかなとも思います（笑）。

国際協力を志したきっかけ

　では更に時間をさかのぼり、何で国際協力を志したのかという点についてですが、『ホテル・ルワンダ』[2]という映画を見たことはありますか。90年代にルワンダで内戦がありました。フツ族とツチ族という2つのグループが抗争して、何十万人以上もの方が亡くなったと言われています。その時にあるホテルが民族間の対立を超えて相手部族の人たちをかくまっていたという実話に基づいた映画です。

　私がそれを見た時は中学生で、かなりショックを受けました。朝日新聞の国際面を読んでいた時、5000人ぐらいの方が亡くなったという記事が出て

---

2. テリー・ジョージ（監督）（2004）『ホテル・ルワンダ』、プレシディオ（配給）。

いましたが、とても小さい記事でした。その小さい記事で5000もの人が亡くなったということが書かれていた。これはどういうことなんだというのが私の原体験というか。何でこんなことが起こってしまうのかという上に、日本では何でこんなに関心がないのだろうかと中学生ながらショックを受け、貧困という問題について考え始めました。これがきっかけで、途上国の貧困というものに関心を持つようになりました。

　もうひとつ私を運命付けたのは、沢木耕太郎さんが書いた『深夜特急』[3]という本です。私より上の世代が主にこれを読んだ人たちですが、どんな本かというと、沢木耕太郎さんがまだ会社で働いていた頃に友人とある賭けをした。インドのデリーからイギリスのロンドンまで乗合バスだけで行けるかという賭けです。沢木耕太郎さんは会社を辞めて、有り金を全部ドルに替え、その賭けでロンドンからデリーまで乗合バスで行ったという原体験をもとにしたお話です。

　私は、高校の物理の先生から、「小川くん、これを読んでみたら？」と言われて読んでみたのですが、大変面白かった。自分もこんなことをやってみたいと思いました。皆さんはネットが当たり前の時代を生きていますが、皆さんと違って私の高校生時代はまだインターネットがありませんでした。九州の田舎者からすると、世の中のニュースというのは分からないのです。こういうことをやってみたい、途上国の貧困に関心があるなと思ったものの、どこの大学に行けばいいかなんてまったく分からなかった。国連ってあるけれどもどこの大学に行ったらいいのかなと思うわけです。インターネットがないのでそんなこと分かるわけがない。良く分からないので取りあえず東大に行ってみよう。自分は血を見るのが好きじゃなくて、医者は無理だと思って理系はやめて文系にしました。文系だと取りあえず文科一類かなと、何の情報もない私は東大の文科一類を受け、福岡から東京に来ました。

---

3. 沢木 耕太郎（1986、1992）『深夜特急』〈第一便〜第三便〉、新潮社。

5年間の大学生活と旅から出した答え

『深夜特急』を読んでいたので、バックパッカーをやってみたい。有り金を持ってバックパッカーをして、デリーからロンドンまで行くのは無理かもしれないけれどもやってみたいということで、大学に入ってから、実際にやってみました。私が行った国は、中国、ベトナム、カンボジア、マレーシア、シンガポール、タイです。その旅費のために、夏休みに予備校の夏季講習の講師をしました。時給2000円で働いていたので1日10時間働くと2万円、20日間の講習を全部やると40万になります。40万を持ってまずタイに行きました。取ったのは往復のフライトと1日目の宿だけ。勇気のある人は宿も取らずに行くので、1日目の宿だけ取るのは僕も保守的だなと思うのですが、私はビビりだったので1日目の宿だけは取ってバックパッカーの旅をしました。

旅は学部2年生ぐらいから始めて、3年生か4年生の頃には、ベトナムを旅しました。ベトナムの北のハノイから南のホーチミンまで、日本で言うと大体東京―岡山間ぐらいの距離ですが、その間を結んでいる統一鉄道の寝台列車に乗りながら旅をしました。ハノイからホーチミンまでの鉄道というのは、日本で言えば東海道線で、それぐらい重要で基幹的な鉄道です。途上国の列車なので当たり前ですが、これがすごく遅れるんです。最初に乗ったハノイからフエという途中の駅まででも平気で1時間ぐらい遅れるわけです。その時、こういう仕事ってありかなと思いました。途上国が発展し貧困を解決していくためには、経済発展して雇用が生まれなければいけない。そのためには基幹となるインフラがないと仕事ができません。物流が滞るということは経済活動に影響を与えます。こういう基幹インフラなるものを何らかの形でサポートできるような仕事に就けないだろうかと考えました。そもそも鉄道をつくる人だっていいわけですし、お金を貸す人でもいいし、トレーニングしてあげる人でもいいわけです。いろんな形がある。

当時の私は、自分は理系でもないし、ものは作れない。文系でも何ができるだろうかというふうに考えていました。それで行き着いたのが、お金を貸

すという形で支援するのなら文系でもできるんじゃないかという考えです。実際に銀行に勤めている人には文系の先輩が多いし、お金を貸すという形で支援するならできるんじゃないのかと思って、私は国際協力銀行に入りました。

実は私は1回就職活動に失敗して留年し、5年大学にいました。私はもともとメディアに行きたかった。メディアの立場で途上国の貧困を取り上げたかった。NHKや朝日新聞、毎日新聞、通信社とかを3年生の秋に受けました。某新聞社の面接官に、僕はそういう記事を書きたい。中学生の頃からそういう仕事をしたいと思っていたと言ったら、「小川くん、それじゃ金にならない。新聞社も食えないとしょうがなんだ」と言われ、私は選ぶ道を間違えたかなと思って、親に授業料は全部自分で出すから1年間留年していいかと言って、留年をさせてもらいました。その後、半年間、東大の本郷の図書館にこもりながらもんもんと考えていました。そして、旅を通じていろんな人に出会っていく中で、こういう考え方もあるのかなと思って、国際協力銀行という自分が行きたかったところに行けたというわけです。

自分の人生を振り返ってみよう

私は、3年ぐらい前までOB訪問をたくさん受けていました。就職を控えた学生にご飯をごちそうして、仕事の話をいろいろと聞かれるわけですが、多くの学生がこう言います。「自分はまだ20年しか生きていないから、自分の経験なんて大したことないです。だから、何ができるのか分からない」と。僕はそうじゃないと思っています。僕が就職活動をしていた時は、必死でした。これは失敗するわけにはいかんと。就職氷河期でも何とか就職しなければいけないと思って、すごく考えました。何が自分にとって合うだろうかと。

これは当時僕がやったことで多くの学生におすすめしたことでもありますが、自分の生まれた時から自分の人生を振り返った方が良いと思います。何を振り返るかということですが、自分がどんな時に楽しかったかを考えるのが良いと思っています。皆さんそれぞれ高校時代、大学時代、サークルや部活に所属していたり、あるいは、そういったグループに所属していなかった

り、いろいろあると思います。そんな中で、これまで皆さんが感じてきた喜びというのは、今もそんなに変わらないはずです。例えば、僕は大学時代に緑会合唱団という本郷の合唱団に所属していました。高校時代には部活のキャプテンもやっていた。自分はその経験の中で何が一番楽しかったかを振り返って、この組織の中でどういう役割を果たしてきたんだろうということを考えてみました。すると、自分はリーダー格になる人間ではあまりないなということに気付いた。逆に、マネージメントをサークルでもやっていたし、職種としてそういうことをやる方が楽しいのかもしれないということにも気付けました。

　もうひとつ、5年間塾の講師をしていた話をします。個別指導で、担当していた生徒の成績をどうしたら伸ばせるだろうかと考えながら、授業をしていました。その生徒が学校で1ランク上がるためには何ができるのだろうかということをすごく考えた。それが僕の中で楽しかった。じゃあ、そういうことができるのはどういう会社なんだろうと考えて、受けたのが銀行でした。銀行と言えば、中小企業に対して融資をしていて、中小企業のローンやいろいろな問題を解決するために金融という手段で解決していくわけです。ここには、塾でも経験していたお悩み相談が入る。そういう中小企業の営業って合うんじゃないかと思って、「中小企業を支援するような営業をやりたいんです」と言っていくつかの銀行を受けました。

　ですので、自分が何をやった時に楽しかったか、また、どういう役割を果たした時に楽しかったかということを考えていくことは大切です。皆さんも、就職先について悩んでしまった時は、ぜひどういう時に楽しいと感じたかを、自分の人生を振り返って考えてみてください。そして、自分なりの答えを出していって欲しいと思います。

追記
　筆者は2018年8月に国際協力機構インドネシア事務所に次長として異動。

キャリアワークショップ Part 2

自分を知ろう！

東京大学キャリアサポート室

　東京大学には、学生へのサービス充実の一環として、就職支援にとどまらないキャリア形成支援を行う東京大学キャリアサポート室があります。「教養学部生のためのキャリア教室」では、東京大学キャリアサポート室のプロのカウンセラーによる、まだキャリア意識の漠然としている学部1、2年生が、今の自分についての理解を深め、その後の自分の進路を主体的に選択するための気付きを得られるようなワークショップを行っています。本コラムでは、このキャリアワークショップについてご紹介いただきます。

「教養学部生のためのキャリア教室」は、すでに社会でご活躍のグローバルなトップリーダーや新進気鋭の若手の方が毎回代わる代わる登壇され、これまでの多様な経験や選択の瞬間をお話しくださいます。このワークショップはその中間にあたる第7回目に実施され、これまでのゲストスピーカーのお話につなげて、学生が自分自身を考える機会となっています。1時限105分の短い時間ではありますが、自分の特徴を知り、今後のキャリアに対して柔軟で豊かなイメージを持てることを到達目標としています。ひとつの正解を求めるのではなく、自分なりの考えや思いをもって学習や学生生活において様々な挑戦をするきっかけとなることを目指しました。

コンテンツ１：興味・関心の整理
「これまでのゲストスピーカーの話を聴いて、感じたことや考えたことを整理する」

自分のできるできないにとらわれずに、面白い、好きだ、やってみたい、かっこいい！社会や自分にとって価値や意味がある、など、興味を持った内容と自分の気持ちをワークシート（参考シート1）の項目に合わせて記入し、その内容をグループで共有します。ワークシートの記入欄は、アメリカの職業心理学者ジョン・ルイス・ホランドのパーソナリティ類型をもとにしていますが[1]、分類することが目的ではなく、ゲストスピーカーの熱い話や経験の何に自分の心が動いたのかを具体的にし、自分とのつながりを言葉にできることを狙いとしています。ミニッツレポートには「それぞれみんな興味が違って面白かった」「新しいものを創り出すことや企画したりすることにとても興味があるとわかった」「自分の興味の方向性が整理できた」などの振り返りが多く見られました。

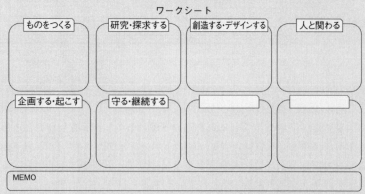

参考シート１（©2017 Career Support Office, The University of Tokyo）

---

1. Holland, J. L (1985) *Making vocational choices*, Englewood cliffs ,NJ: Prentice-Hall.

コンテンツ2：ライフライン「自分らしさを見つける」

　このワークは一般的にライフラインチャートと呼ばれるものです（参考シート2）。縦軸に充実度（満足度）を正（＋）負（－）に、横軸に過去から現在までの年齢（時間軸）をとります。そこに自分のこれまでを振り返って、充実度を曲線でプロットします。充実度がプラスマイナスとなった出来事や、その変化の瞬間の理由などを思い出し記入します。ラインの高い位置に書かれた出来事では、なぜ充実感や満足感を得られたのか。低い出来事や時期では、何がつらいと感じたのか。そこに現れる共通点や自分の大切にしていること、価値観、元気の源、必要なもの、困難を乗り越える力、などに着目します。その後、ペアワークで相手に伝え、相互のフィードバックにより、それぞれの違いや特徴から、"自分らしさ"が明らかになっていきます。シンプルな手法ですが、自分の過去を可視化することで全体像も見え、「自分語り」で具体的に言語化できるようになります。より細かく自分のモチベーションの源泉をたどれば、この先に進みたい方向性を明確にすることにもつながるものです。ライフラインでの気付きは、何かを選択する時に重要な自己イメージです。自分にできることや得意なことは何か、自分は何がしたいのか、自分は何をすることに価値を感じるのか、そのイメージは、"これから"を選択する手掛かりとなります。

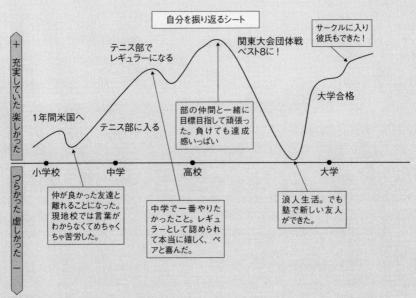

参考シート2（©2017 Career Support Office, The University of Tokyo）

最後には、自分を知って未来を考えるキャリアプランニングについて講師がその意味と曖昧さ双方に触れました。
　このワークショップのプログラム策定にあたっては特に以下の3点に意図を置いています。
　1点めは、自ら書いて話すというワークを中心に、学生間の共有を通じて人との違いに気付き、それを受け入れ、楽しんでもらうことです。活発にインタラクティブにペアワークやグループワークを楽しむ中からの気付きを促します。
　2点めは、このワークで得た自分についての理解を将来にわたる固定的なものと思わないように伝えることです。自分の過去の経験は具体的に強化されて確定的に印象付けられがちです。特徴としての理解は深めつつも、明らかになった個人の特徴やこだわりも、これからの経験や活動で、さらに進化・発達することを強調します。
　3点めは、自分の足りない面や好まない特徴に対しても寛容でいられるように進めることです。今の自分のネガティブな理解も将来の自分に対する期待となるようワークショップの最後を結んでいます。
　ゲストスピーカーのお話とライフラインで自分の興味と価値観をつかみ、パーソナリティの特徴や経験的に獲得した能力を自覚し、これから成長する自分を感じることで、将来の自分の姿が徐々にイメージできてきたようです。「思わぬことが自分の個性と分かってびっくりした」「学生時代にたくさん失敗をしてそこから多くの事を学び吸収したい」「やりたいことをあきらめずに突き詰めればおまけも付いてくることが分かった」「自分にとって大切なことをこれからも生活の中心において充実を感じていきたい」「自分がまた少し好きになれた」など率直な振り返りをいただきました。
　キャリアサポート室では、キャリアを広くとらえ、職業選択や研究の成果などその時々の課題だけではなく、人の生き方の全体を俯瞰し、学生それぞれのキャリア形成を支援しています。このワークショップが、柔軟なキャリア観の醸成と選択肢の拡大のひとつのきっかけになれば幸いです。

CHAPTER III 試行錯誤しながら進む
——先のことは誰にもわからない

「慎重に立てた計画よりも、想定外の出来事や偶然の出来事が、あなたの人生やキャリアに影響を与えていると感じたことはありませんか?」
(クランボルツ&レヴィン『その幸運は偶然ではないんです!』2005年)

人生には予測不可能な側面があります。本章では、様々な転機に「ご縁」があって今につながっていると話す先輩方のお話をまとめています。

　山崎繭加氏は、外資系有名コンサルに就職、海外大学の大学院で修士号も取り、さあこれから！という時に訪れた思わぬ転機について話してくださいました。常に新しい道を切り拓いている山崎氏の「何かになりたいと思って仕事を選んだことはない」という言葉に、多くの学生が心動かされていました。

　一級建築士として独立して事務所を構えている金子広明氏は、大学、就活、独立、それぞれで新しい環境でのギャップや不安に悩んでいたことを明かしてくれました。「自分で悩んで、選択することのできる環境にあることを感謝したい」と言う金子氏の言葉は、同じように悩みを抱える学生の励みになっていました。

　今の仕事のままで良いか悩んでいた時、ご縁があって外資系半導体メーカーに転職した井﨑武士氏。転職の決め手は「自分がいかにワクワクできるか」だったと言います。人工知能分野で新たな市場の創造に挑戦する今、グローバルに働く上で教養学部で学ぶことの重要性が後になって分かってきたと、学生に伝えてくれました。

　中村勇吾氏は、「これからの時代をどう生きるかというのは、結局、今をどう生きるかということだ」と言います。設計事務所でインチキ東大生と言われていた頃からインタラクティブデザイナーとして活躍する現在まで、ひとつひとつ考えて選択し、これと決めたら集中してやる。ダメだったら次に進む。そうした選択の積み重ねが偶然今につながっているのだと。そんな彼が作り出す数々の先鋭的作品やその世界観に多くの学生が圧倒されていました。

　先のことは誰にも分からない。そのような中、偶然を活用し自らのキャリアを切り拓いている４人のお話に、不確実性が増す「これからの時代」を生きるヒントがきっとあるでしょう。（標葉 靖子）

CHAPTER Ⅲ 試行錯誤しながら進む

道は、振り返ったらできている
2015.9.23 LECTURE

山崎　繭加
Mayuka YAMAZAKI

ハーバード・ビジネス・スクール
日本リサーチ・センター
アシスタントディレクター
（所属は講演当時）

PROFILE 東京大学経済学部卒業。マッキンゼー・アンド・カンパニー、東京大学先端科学技術研究センターを経て、ジョージタウン大学国際関係大学院に留学。2006年より10年間、ハーバード・ビジネス・スクール（HBS）日本リサーチ・センター勤務。主にHBSで使用される日本の企業・経済に関する教材作成、日本でのプログラムの企画・運営に従事。HBSが5年連続で開催している人気授業、日本の東北におけるフィールド・スタディ「ジャパン IXP（Immersion Experience Program）」の企画を中心的に担ってきた。著書に『ハーバードはなぜ日本の東北で学ぶのか』（2016年、ダイヤモンド社）。華道師範。

「ビジョンをもつ」だけが正解じゃない

　たぶんこれまで皆さんは、「キャリア」というと、ビジョンを考え、そのビジョン実現のためにやるべきことを考えて、前に向かって人生をつくっていきましょう、といった話をよく聞いてきたのではないかと思います。でも本日は、振り返ってみると私の人生こうだった、迷うことも含めて人生にはすべてに意味があるんだ、というお話ができればと思います。

　私は今、ハーバード大学の経営学大学院であるハーバード・ビジネス・スクールで働いています。東京出身で、中高一貫の女子校である桜蔭学園を出て東大の文科二類に入りました。経済学部を卒業して、最初にマッキンゼー・アンド・カンパニーという外資系のコンサルティング会社に入って、その後いろいろやって今に至っています。私は、キャリアについてのビジョンを持ってここまで来たわけではありません。ただ、自分がその時やりたいと思うことを積み上げて、気付いたら今ここにいた、という人生です。本業のハーバード・ビジネス・スクールや、ほかにもいろいろとしていることについて、今の私の全容をお話ししたいと思います。

今、私はどこにいるのか

　私が今働いているハーバード・ビジネス・スクール、HBSは、「世界を変えるリーダーを育成する」という理念を掲げる、1世紀以上前につくられた世界最大級のビジネススクールです。ビジネススクールとはプロフェッショナル・スクール（専門職大学院）のひとつで、学部卒業後にそのまま研究者になるために進む大学院とは異なります。研究ではなく、キャリアアップやキャリアパスの変革を目的に通う大学院で、学部卒の社会人5年目あたりの20代後半から行く人が多いのが特徴です。ビジネススクールに進学する人には、必ずしも企業人だけではなくて、例えばNPO法人をつくりたいとか、政治家になりたいとか、官僚の道を極めたいという人もたくさんいます。

　HBSには現在約1500名のスタッフが働いていますが、私もそのひとりで、

本拠地であるボストンではなく東京にある日本リサーチ・センターで働いています。HBS は、2000 年代から研究や教材のグローバル化を進めてきました。世界各地にリサーチ・センターを置いてきた結果、今 HBS で使われている教材の半分以上がグローバルなものになっています。私はその中で日本の企業や経済政策、高齢化の問題などについて、HBS の教員陣と一緒に研究したり、教材をつくったりする仕事をしています。

ケース議論で意思決定力を鍛える

　HBS における教材は「ケース」と呼ばれます。日本の大学の授業は、前に先生が立ってしゃべって学生がノートを取る、知識伝達型の講義が中心ですよね。でも HBS では、先生が一方的にしゃべる授業はありません。2 年間、すべての授業が実際の事例を素材として利用した議論中心の形式で行われます。その議論のベースになる教材が「ケース」です。
　ケースにはいろんなタイプがありますが、1 番多いのが、ある企業のある人、社長さんとか営業担当の人とか、その人が何か具体的に大変難しい課題を抱えている、というケースです。例えば、会社としてはもっとアメリカ市場に進出しなければいけないが、難しい問題があり反対する人もいる、本当に進出するべきなのか。授業では、ケースに書かれた課題に対して、自分がその人だったらどうするかということを考え、80 分間徹底的に議論します。ケースには会社が抱える課題は書かれていますが、それに対して会社が実際に何をしたかという「答え」は書かれていません。それを考えるのはケースを読む学生たち自身だからです。

教える側も学生側も気が抜けない授業

　20 年以上 HBS で教えている教員でも、毎回授業に来る時は緊張すると言っています。それはなぜかと言うと、学生が議論をし、それを教員がファシリテーションするので、議論がどこへ行くか、授業が始まってみないとまったく分からないからです。重要な点や理論はきちんと押さえながら、学生が

お互いの議論から学ぶような形で授業を進めなければいけないので、本当に難しい。教員は一瞬たりとも気が抜けないわけです。1回の授業につき、数時間から10時間くらいかけて念入りに準備をします。

学生側もケースを1日2～3個読むので、ひとつひとつのケースにそんなに時間は掛けられないのですが、少なくとも1個について3時間ぐらいは使って準備をしてきます。その上で議論が始まる。様々な企業の課題に対して、自分ならどうするかを考えて意思決定していくため、いろんな状況の模擬訓練、シミュレーションができるわけです。授業当日の議論の中で発言をしないと「価値無し」と見られてまったく評価されません。そのため学生の間には、自分が質の高い議論をリードするのだと、常に高い緊張感が保たれています。こうしたケース議論をひたすら繰り返し、2年間で500個ぐらいのケースを読む、というのがHBSの教育です。

注目されない日本をどう売り込むか

私の強みは、人から話を聞くこと、文章を書くこと、日本のことをよく知っていることの3つです。そこで私はこれらを組み合わせて、日本企業や日本の課題について扱ったケースを書いています。ところが、HBSの教員陣は、残念ながら日本に対してそれほど興味を持っていません。教員は研究者でもあるので、何か新しいことが学べる、変化が起こっている場所に行きたい、という思いがある。そうすると、インドや中国などの新興国に行きたいと言う教員が多く、最近では中東とかアフリカといった国・地域に関心が集まります。今あえて日本について研究したい、日本を学ぶ場として使いたいと思う教員は残念ながら非常に少ないのが現状です。

そこで私はケースを書くだけでなく、様々な活動を通して日本の面白さをHBSの教員陣や学生に売り込む、ということをしています。そのひとつが、HBSの修士2年生向けの「Immersion Experience Program（IXP）」という、学生が2週間程度世界のある土地に行ってどっぷり漬かって学ぶ、という授業です。その日本版の設計と運営に5年ほど関わっています。

これは東日本大震災の後、日本に対して何かをしたいという学生の思いを

受けて始まった東北を学びの場とする授業で、指導教官はHBSにいる約250名の教員のうち唯一の日本人教員である竹内弘高先生です。毎年、30〜40名の学生が東北を訪れていて、震災以降個人的に通う中でできた東北での私の個人的人脈とHBSをうまくつなげることで生まれました。これは毎回応募が殺到する人気のコースとなり、世界中で同様の授業がある中で、唯一日本が5年連続の開催となっています。

国際保健という仕事——東大医学部グローバルヘルス

HBSでフルタイムで働きながら、東京大学医学部で特任助教として兼務で働いています。そこでは世界で起こっている健康の問題をどう解決していくかという、国際保健(グローバルヘルス)と呼ばれる分野の仕事に携わっています。5年前に、渋谷健司先生が東大に着任されて以降、東大が日本のグローバルヘルスの研究と人材育成の拠点のひとつになってきています。たまたまご縁があって、この数年間はグローバルヘルスの分野で将来頑張りたいと思っている学生向けの英語プログラムの運営や講義などを担当しています。

現在は、グローバルヘルス・アントレプレナーシップ・プログラムという名前で、健康の問題に対して革新的な解決法を考えたり、より新しいアイデアで取り組んだりできる人材の育成に関わっています。これ以外でもヘルスケア分野とはなぜかご縁があり、この10年くらい、いろいろな場所でヘルスケアのシンポジウムや人材育成のプログラムの運営、講義を手伝っています。

国の健康政策に携わる——「保健医療2035」

先ほどのヘルスケアにつながりますが、私は厚生労働省の「保健医療2035」策定懇談会のメンバーでもあります。2015年2月に発足、同年6月にレポートを出しました。「保健医療2035」という名前から分かるように、20年後の保健医療の姿を考え、今やるべき提言をするための懇談会です。そのため、20年後も引き続き現役である30代から40代のメンバーで構成

されています。通常、厚生労働省に限らず政府の委員会のメンバーは平均年齢が65歳くらいで、だいたい大学の偉い先生たちが集まってワイワイお話をする委員会が多いのですが、この懇談会の構成員の平均年齢は42.7歳です。学生の皆さんからするとそんなに若くないと思うかもしれませんが（笑）、厚生労働省の委員会としては平均年齢が一番若いということで、マスコミにも取り上げられました。若いだけでなく、多様なバックグラウンドの人がメンバーに入っているのもこの懇談会の特徴です。例えば、お医者さんや学者、それから私を含めた民間3名が入っています。これからは医療のことを医療の専門家だけで語るのではなく、違う視点を持った人を入れようということで私も選ばれたのだと思います。

　まだほかにもいろいろあるのですが、以上の3つが今私の携わっている主な仕事です。

転機──考えぬくこと、心の自由

　今に至るまでにあった私の転機についてお話ししたいと思います。第1の転機は、22歳で外資系コンサルタント会社のマッキンゼーに入社したことです。このことは、今でも私の人生にとって最良の決断のひとつだったと思っています。コンサルタントの基本的な仕事は、顧客企業が抱える何らかの経営課題に対して、第三者としてゼロベースで考え抜き、その企業にとって何が1番いい解決法なのかを提示し、その実行をサポートすることです。

　コンサルタントとして働いていたことで得たものがあります。まずは「とことん考え抜く」ということです。何か問題があった時に、そもそもその問題設定が正しいのかどうかも含めて考える。そして、そうした問題解決思考を支えるいろんなリサーチスキル、インタビュースキルも得ることができました。また、マッキンゼーの理念である「常に顧客の利益を第1に考える」というのも刷り込まれ、自分の利益や自分はこうしたいということではなく、あくまで全体のために自分を動かしていくというクセのようなものが身に付きました。さらに、世代を超えたカラフルでダイナミックな人のネットワークができたことも、私がマッキンゼーで得た大きな財産のひとつです。マッ

キンゼーをやめた人たちを卒業生と呼んでいますが、面白い人が多く、いろいろな仕事をしている人がいます。そんな卒業生との交流から、たとえ何をしようと食べていけるという自信や、人生はいろいろやれるんだという心の自由を得られた気がします。

　第2の転機は、マッキンゼーを卒業し、24歳で東大に転職したことです。当時、東大の先端科学技術研究センター（先端研）で、研究職でもなく事務職員でもない、プロジェクトを運営するための特任教員を募集し始めていました。その特任教員になったことで、産官学連携による大型の人材育成プログラムを立ち上げ、運営する経験を得ることができました。外資系コンサルから東大に転職してきたのは当時おそらく私が初めてで、前例がなかったことが功を奏したのか、いろいろなことを新しく始めることができました。また、官僚や研究者とのネットワークもこの仕事でできました。これは今でも続いていますが、いろんな分野・セクターをつないで新しいものを立ち上げていく、それを大学という場でやっていく。そういうコツや醍醐味を知ることができた転機でした。

無職になる──何者でもない自分

　第3の転機は、28歳で無職になったことです。20代前半の私は、経済学部を出て外資系コンサルで働き、大学に転職してからもいろんな挑戦を楽しめていました。そこで、もともと高い関心を持っていた国際関係や安全保障の分野に転向したいという思いを持って、アメリカのジョージタウン大学の国際関係大学院に留学しました。そこで優秀な成績を修めまして、そのまま博士課程に行こうと意気揚々と修了しました。私はこのまま安全保障の研究者になって、将来は日本にシンクタンクをつくりたいとか、そんなことを考えていた。今思うと、すごい生意気な時期でした。

　ところが、修了直後にたまたまモロッコの聖音楽祭という芸術祭に招待され、様々な本当に素敵な世界一流の方々に会ったことが、私の人生を大きく変えました。世界一流の方々というのは、例えば映画監督のヴィム・ベンダースさんです。『ベルリン・天使の詩』（1987年）でカンヌ国際映画祭での

受賞もされている映画監督で、『ブエナ・ビスタ・ソシアル・クラブ』（1999年）も著名な作品です。彼は本当に映画を愛しているし、息をするように映画のことを考えて作品を創っている。その奥様が写真家のドナータさんで、彼女も本当に写真が好きで、人生と写真が切り離せない。そんな人たちばかりに囲まれ、しかもフェズという世界遺産の街で過ごすうちに、今まで必死に自分が頭の中でつくりあげてきた、「私は安全保障をやるんだ」とか、「私はこのまま研究者になるんだ」とか、「今の日本の状況ってシンクタンクが必要なんだ」とか、そういう将来プランが全部馬鹿みたいに思えて、ガシャーンって音を立てて壊れてしまいました。ベンダースさんが映画を愛するように私は安全保障という分野を本当にやりたいのか。また、パワーバランスではなくて信頼をベースに世界を見てみたら、今まで一生懸命勉強してきた安全保障の理論そのものも根底から崩れるような気がした。こんな思いでは、自分は安全保障の博士課程には行けないと思いました。

　何より大きかったのは、そもそも自分に対して「私はいったい誰なのか？」という問いが頭から離れず、わけが分からなくなったことです。それまでずっと、「自分は何をやるのか」ということしか考えてこなかったんですね。ビジネスじゃなくて安全保障をやりたいとか、やるんだったらシンクタンクをつくりたいとか。でもそうじゃない。私は一体、何者なのだろうか。私が大切にしたい価値観、世界って何なのか。たった2日間のことだったんですが、今まで考えてきたことが全部崩れてしまった。だったら思い切って全部白紙にしようということで、博士課程には進学せず、日本に戻って無職の生活を始めました。

　無職の生活を始めたのはいいけれど、それまでいろんなことをやってきたので、自分が何にも所属してない、次にどこへ行くかもわからない、何をしたいのかも分からないという状況がつらかった。「無用の長物」という言葉を見ると、まさに自分だと思ったり、「今までいろんなことをやって留学もしたのに、何にも役立ってないじゃん私」と感じて涙したり。そういう日々を過ごしていました。でも今思えば、このとき何者でもない自分に向き合えたことは本当に良かったと思います。それまでは、安全保障だとかシンクタンクだとか、何をやるかの問いに対して外に答えを求めていた。そうではな

く、そもそも自分は何者かという、自分の中への問いをまったくしてこなかったことを、この時ちゃんと知ることができました。

無職からの脱却──私が踏み出したワケ

　無職になった当時は、自分の心の声が聞こえるようにとにかく1年間は何もしないでおこうと思いました。でもあまりに精神状態がすさんできてしまった。そして、ぶらぶらしている私に、マッキンゼーの卒業生ネットワークから、仕事を手伝ってみないかというお誘いがいくつかありました。その中に、政治家の秘書、国際機関の日本事務所、それとHBSの話がありました。

　まず政治家の秘書については、その政治家に対しては何がしかの価値を提供できるとは思ったんですが、自分はそんなに政治に興味がないから無理だろうと思い、お断りしました。次に国際機関の日本事務所ですが、これは相当悩みました。新しいポジションで、日本の企業が直接途上国に投資をして貧困問題を解決するという話でした。私の専門は安全保障なので国際関係の分野ではあったし、大学院で開発についても勉強してきたし、いろいろ条件は揃っている。踏み出すべき次の仕事はこれなんじゃないかなと思いながらも、でも自分は本当に開発に興味を持っているのかと自問した時に、ちょっと違うかなと思いやめました。

　結局HBSに拾っていただくことになったのですが、なぜHBSを選んだのかと言うと、何か特別な期待があったわけではありません。ただ今まで自分がやってきたことが全部、物を書くことにしても、人をつなげるにしても、日米交流にしても、すべてがここでの仕事に自然とあてはまるように感じたからです。そのポジションでは私が初めてのフルタイム採用というのも魅力でした。だから、もしかしたら自分の意志とは合わないかもしれないけれども、まずはやってみよう、と一歩を踏み出すことにしました。無職で精神的にすさんだ生活から脱するためのとりあえずの軽いジョギング、というつもりで始めたので、自分のやりたいことがHBSにあるかどうかは求めませんでした。当時の私は、自分はどんなことをやりたいかを「分かってないということが分かっていた」ので、政治家の秘書や国際機関のように、これをや

りたいという思いがないとできないものは選ばない、という選択をしたんです。その結果踏み出した HBS で、思った以上の素晴らしい経験をさせていただいてきた、1〜2年程度のつもりがもう9年働いている、というのが今の状況です。

アートを日常の中に

　第4の転機は、28歳の時のアートとの出会いです。ちょうど無職生活に入ってちょっと経った時ぐらいのことです。「絵を描く」ということを、もっと日常生活や仕事の場、学校生活の中に普及させていこうという活動をしているホワイトシップというアートの会社に出会いました。ホワイトシップは「食べる」「寝る」と同じように、「絵を描く」ということも人類が太古の昔からやってきた非常に原始的な活動のひとつであり、現代の人がもっと絵を描くようになれば創造性や感性を回復できるのでは、という思いで EGAKU というワークショップを開催しています。そこで私も絵を描くようになりました。

　絵を描くというのは、何もないところから自分の作品を創ることです。ゼロから1を創るということをひたすらやっていく。ただ創造を積み重ねるんです。でき上がった作品に良いも悪いもない。何を美しいと思うかはそれぞれの主観の話です。そういう絶対的な価値観からなるアートの世界に身を置いたことで、人が自分をどう思うか、人に何を期待されているかという相対的な価値観を脱ぎ去ることができるようになった気がします。

　その結果、アートが人生の一部になっていって、何となく自分の核のようなものの輪郭がくっきりしてきた。やらなければいけないことと、本当にやりたいと思っていることの区別もできるようになった。今まではやらなくちゃいけないことがやりたいことだと思っていたり、やりたくないのにやらなくちゃいけないと思っていたり、そういうものがごっちゃになっていた。自分の人生について考える際に有用な「何をしなければいけないか（Must）」、「何をしたいのか（Want）」、「何ができるのか（Can）」の3つの問いがあります。その Can（できること）と Want（したいこと）の違いが、すごくク

リアになったと同時に、クリアになったからからこそ、その接点の部分も良く見えるようになりました。それと同時に HBS での仕事も、もともと与えられた役割を超えて、自分しかできないことをできるようになっていきました。

今はさらに自分への理解が進んだこともあり、大きめの転機を考えています。私は学生の頃から華道をやってきました。「絵を描く」ということをいろんな企業や学校に提供しているホワイトシップの話をしましたが、それの華道版をやりたいなと思っていて、この先独立をして華道家として生きていく決断をするかもしれません。

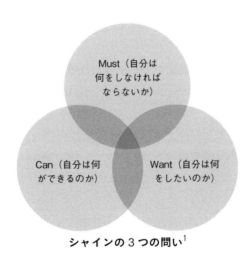

シャインの 3 つの問い[1]

振り返ったら、道がある

こうして振り返ってみると、大きな決断をする時、私はだいたい先に体が動いています。マッキンゼーから東大に飛び込むとか、無職生活をしようとか、ハーバードに拾われた時もそうでした。頭で考えたキャリアプラン、例

---

1. キャリア理論の大家であるマサチューセッツ工科大学のエドガー・シャイン教授が提唱した概念。

えば安全保障の分野で研究をしてシンクタンクをつくるといったような、そういうプランではどうしても最後は体が動かない自分がいた。自分でもそれはもどかしくて、どうして考えたプランではいけないんだろう、どうして私の体はこんなに反抗的なんだろうと何度も考えました。でもそれもしょうがない。それが自分なんだから受け入れるしかないんです。いつも行き当たりばったりというか、いろいろやってみてダメだったらもう1回やってみて、ということを繰り返してきました。そうしているうちにだんだん自分が何者かが分かってきたし、何をやりたいかもクリアになってきて、ようやく先ほどの3つの問いの円が重なる中心に近づいてきた感じがあります。ここではお話できないようなこともたくさんあり、傷だらけでここまで来ました。

　私は「何かになりたい」、例えば宇宙飛行士になりたいとか、数学者になりたいとか、公務員になりたいとか、思ったことがないんですよね。宇宙飛行士の山崎直子さんのように、若い頃から「私は宇宙飛行士になりたい」と思い続けその夢を実現できたら、なんて素敵だろうと思います。でも「何かになりたい」ということは、すでにそこに確立したキャリアがあるということでもある。宇宙飛行士になりたければステップは決まっている。公務員もステップは決まっている。そういうものに対して頑張る気がどうしても湧かない自分がいました。

　こうした私の性分は、これまでのキャリアで（マッキンゼーでは違いますが）、どの機関でもそのポジション最初の人だったということに現れているのかもしれません。同じ仕事をしている人が他に誰もいないので、自分の仕事については丁寧に説明しないと誰も分かってくれないし、説明しても分ってくれないことが多い。一方で、前例がないので自分のやり方や信念に基づいてその仕事自体を自分でつくっていけるという楽しさがありました。これは本当に私に合っていたと思います。

ご縁を大切にする

　これまでを振り返ってもうひとつ思うのは、長い時間を掛けて、本当にいろんなご縁に恵まれてきたなということです。そしてあるご縁の中から自分

が引き受けるご縁を選択し、選択したひとつひとつの仕事を大切にやってきました。仕事上で得た信頼は消えないので、この人と一緒に仕事をするとこんなに楽しいことができたという経験があると、また何かあった時に呼ばれる。そういうことがつながっていって今の自分があると思っています。だからこそ、ご縁をちゃんと選ぶことも大切です。大切にしないご縁がないと大切にするご縁もない。何もかも関わろうとするとどれも中途半端になってしまいます。皆さんも自分はこれをやりたいとか、この人が好きとか、何でもいいんですが、大切にしたいと思うことを大切にしていってほしいと思います。そうじゃないと単にたくさんネットワークがあるだけになって、何にもならない。

　もし今自分がどうしていいかわからないとか、将来、選択で悩んだりした時どうするか。そんな時、私には「自分では気付いていないかもしれないけれど、やりたいことは実はもうやっている」という信念があります。もしかして人としゃべるとかそういう基本的なことかもしれません。どんな小さいことでもいいからすでに今やっていること、もしくはやってきたことの中で自分にとって大切だと思うことは何か。これを時々振り返ってみると、何か迷った時の羅針盤に育っていくんじゃないかと思います。

　皆さんが大人になる頃には、働き方にしても仕事の種類にしても、今はまだないものを含め、今よりもっと多様に広がっていると思いますから、そんなに焦らなくてもいいと思います。自分の心に従って生きていけば、振り返るとそこに自分だけの「道」ができているはずです。私は、無意味なことは人生に用意されていないと思います。

追記
　ハーバード・ビジネス・スクールの東北での学びについてまとめた『ハーバードはなぜ日本の東北で学ぶのか』（ダイヤモンド社）を出版した2016年8月にハーバードを辞めて独立（その直後に出産）、この講演で少しお話ししたように、今は華道家として活動しています。いけばなの学びを現代の社会に合う形で広く伝えていくことをミッションに、個人向けのレッスンや組織向けのワークショップを実施しています。

悩みのキーワード
2015.11.4 LECTURE

金子 広明
Hiroaki KANEKO

金子広明建築計画事務所

PROFILE 1975年、福岡県に生まれる。2000年、東京大学工学部建築学科卒業。2000〜2005年、アプル総合計画事務所(現アプルデザインワークショップ)。2006年、金子広明建築計画事務所設立。個人住宅や集合住宅・医療施設・オフィス・ステージセットなどで場所の特徴を生かし、人の動きや過ごし方を見つめなおすようなデザインを試みている。また2017年、渋谷区で公立の小・中学生を対象にした学習塾「マナビエ」を設立。できるようになる楽しさを感じ、主体的に学ぶ姿勢を身に付けることを目標に指導している。

建築士という仕事

　僕は今、建築の設計事務所をやっています。2006年に独立し、今10年目ぐらいで、スタッフは2人です。建築士というと、具体的にどういう仕事をしているのかはなかなか想像しにくいところもあると思います。そこでまずは仕事の内容を理解していただくために、僕がこれまでに設計した建物を3つご紹介したいと思います。ひとつめが、独立後に初めて設計した小さな住宅です。2つめは、以前勤めていた事務所で担当していた老人福祉施設。3つめが、アーティストの全国アリーナツアーのステージをデザインしたものです。

　まずひとつめの住宅は、旗竿地（はたざおち）（道路に接する出入口部分が細い通路状の敷地で、その奥に家の敷地がある、竿の付いた旗のような形状の土地）といわれる、狭い、変形の敷地に建てられました。北側にだけ緑地があって、残りの三方を2階建ての家に囲まれています。敷地が狭いので、無駄なスペースが出ないように、階段を真ん中に置いて、階段も含めてワンルームにしようと考えて設計しています。1階は地下で落ち着いた環境、2階は北側の緑を積極的に取り入れて、借景を楽しむ環境、3階はハイサイドライト（壁の高い位置にある窓）から空の明かりを楽しむ環境にしています。

　2つめの老人福祉施設は、山口県下関市の彦島にあります。アプル総合計画事務所に所属していた時の担当物件です。関門海峡が見えていて、その先が九州です。背後には住宅地があります。裏の住宅の環境への配慮と、片側の海を十分に楽しみたいという要望を取り入れて、崖地まで使って建物を建てています（写真）。また、廊下をギザギザにするという、一見無駄に思える操作をすることで、お年寄りが建物の中を歩く時に、中庭や周りの海を楽しめるようにしています。1階は、地域の方がご飯を食べにきたり、お風呂に入りにきたりします。上に住んでいる方からも、地域の人からも、お互いが見える関係を生み出しています。

　3つめのコンサートステージのデザインは、ステージの演出をしている知り合いから、建築家と組んでやったら面白いのではないかということで依頼

CHAPTER Ⅲ 試行錯誤しながら進む

フロイデ彦島
設計監理:アプルデザインワークショップ
撮影:北嶋俊治

が来ました。アーティストがお客さんの中に埋もれているような、一体感のある風景をつくりたいという要望を受け、1 階と 2 階の席を結ぶ坂道を 2 本つくりました。それにより、お客さんに取り囲まれて歌っている風景をつくり出せました。設計やデザインというとその人の思いを形にしていく印象を持つかもしれませんが、そういうことばかりではなくて、敷地の広さや周辺の環境などの与条件を、どう形にフィードバックしていって、面白い場所をつくることができるかを考えながら仕事をしています。

ものづくりが好きだった少年時代

さて、僕がどういう生い立ちで今に至ったかをお話ししたいと思います。僕は福岡県の北九州で生まれました。八幡製鉄所とか金属、鉄を作る工業都市としてかつてとても栄えていた町です。最近は逆に昔の勢いがないので古い街並みがそのまま残っていて、適度に都会だということもあって映画の撮

影地として使われたりする、そんな感じの町です。

　小学校は普通の公立小学校に行っていました。僕は小さい頃からものをつくることが好きで、当時はプラモデルとかラジコンとかを自分で組み立ててレースに出たりしていました。また、ファミコンが出たばかりの頃で、それでずっと家で友達と遊んでいたり、MSX という当時ようやく個人で所有できるようになったパソコンで、BASIC（ベーシック）というシンプルなプログラミング言語でゲームをつくったり。あとは『キャプテン翼』[1]というサッカー漫画が流行っていた影響でサッカーをしたり、そんな小学生でした。

　中学校からは地元のカトリック系私立で、男女の校舎が別という環境で3年間過ごしました。僕の家は普通のサラリーマンの家で、当時は特に意識していませんでしたが、今思うと地元のお医者さんの子どもとか自営業の方の子どもとかが多い学校だったと思います。その時の人脈がちょっと今の仕事に生きていたりします。部活はバレーボールをやっていましたが、どうしても受験中心で、あまり自分の好きなものづくりはできていませんでした。

　高校は愛媛県の松山にある高校で、今は共学ですが当時は男子校でした。1学年200人くらい中高一貫で持ち上がりの中、50人くらいの高校からの編入生のひとりとして寮に入っていました。大学に入って建築学科に入るといろいろ建物の図面を見ることになるんですが、その時「これは高校の寮の平面に似ている」と思ったものが拘置所の平面図という、そんな管理に向いた無機質な寮で生活していました。

「マニュアルと臨機応変」──高校と大学のギャップ

　やっぱりものづくりがしたいなというのが何となくあって、高校時代に詰め込みで一生懸命頑張った甲斐もあり、現役で東京大学の理科一類に入学しました。ただ大学に入ってから、つまずくというか、高校と大学とのギャップに戸惑いが出てきました。ここからその時その時で僕がどういうことに戸

---

1. 高橋　陽一（1981年連載開始）『キャプテン翼』、集英社。アニメは1983年からテレビ東京で放送開始。

惑ったり悩んだりしたのかをキーワードを交えて話していきたいと思います。

　まずひとつめが、「マニュアルと臨機応変」です。これは大学の時だけでなく、今もずっと続いている悩みのキーワードです。高校生の時までは大体レールがあると言うか、全体像が見えやすい。勉強のカリキュラムもきちんとありますし、選択できる科目はそんなに種類はない。理系・文系とか、理科・社会をどうするかというものはありますが、すべての選択肢が出揃っていてその中から決められたものを選びます。目標も比較的分かりやすい。行ける大学とか学部がカタログのように一覧になっていて、模擬試験を受けると自分がどの位置にいるのかも数値化されて、何となく全体が分かる。

　それが大学に入るとガラッと変わってくるわけです。授業も授業案内の冊子（シラバス）に全部書かれていて、組み立ての自由度がかなり高い。どういう先生がやっていてどういう内容でどういう評価で単位を与えられるのかは、シラバスを見ていただけではなかなか分からなくて、友達に情報をもらったり、自分で動いたりしないと、どういうふうにしたらいいのか、果たしてどこを目指しているのかも分からない。授業の内容も、僕の場合は教養学部に入って物理が突然分からなくなったり、英語も急に難易度が上がったりして、大変な思いをしました。僕は学部3年生になって建築学科に進んだのですが、入る前は、建築とはこういうものだという論理的な学問の体系があって、こうやればいい建物ができると教えてもらえるものだと思っていました。ところが、入ってみるといきなり昔の巨匠の図面を渡されて、それをトレースする、つまり原図を薄紙に透かして写す課題が始まるんですね。それが写せたとなると、次にいきなり敷地を与えられて住宅を設計しなさいとなるんです。こうなると自分でいろいろ調べながらやっていくことが必要になる。至れり尽くせりの過程なんてものはなくて、自分で考えるしかない。マニュアルを教えてくれないのでだいぶ苦労しました。

どっちにも良さがある

　僕は必ずしもマニュアルが悪いとは思っていません。東大ではただでさえ専門課程に進むのが学部2年の途中からということで、専門を学ぶ時間が他

大学よりも短い。例えば東京理科大学とか早稲田大学の建築学科の人たちは僕たちよりも1年半も早くから専門を学んでいる。勉強し始めの1年半は大きな差です。学部を卒業する時点の設計図面の表現力に関していえば、やはり東大生の図面はすごく拙いと思います。すごく考えた跡は見られますが、そういうのが伝わってこないもどかしさがあります。ほかにも建築士を育成することを重視した学校では、図面の描き方や関連法規を体系的に教えてくれるため、即戦力として就職活動もやりやすいし、顧客との面談でもスムーズにこなせます。実務に生かしやすく、学ぶための時間も掛からない。そういう意味で、マニュアルというのはあると便利だと思います。必ずしもすべてが独創的な仕事である必要はなくて、ルーチンワークをいちいち1から組み立ててやっていたらいくら時間があっても仕事が終わらない。マニュアルによる教育で効率化すべきところは効率化することも大事だと思います。

　一方で、東大でやっているようなマニュアルをあえて教えない、放し飼いと言ったら言い過ぎかも知れませんが、自主性に任せるようなやり方の良さは、やっぱりルーチンワークではたどりつけないような解にたどりつける可能性があることだと思います。結局どちらが大事ということではなく、自分なりに今どちらを使っているのかを意識して、自分のバランスを見つけながら学んでいくことが大事だと思います。

全体像が見えるものづくりがしたい

　1、2年生のうちはまだ学部が決まっておらず、3年生になる前に進振り（東京大学の以前の進学選択制度。「はじめに」注釈1参照）といって、進学する学部・学科を選択する制度があるのが東大の特徴です。僕は昔からものをつくるのが好きだったこともあり、工学部で何かものづくりができるところに行こうというのは比較的迷わずに決めていました。それは教養学部ですごい人たちに出会うことで確信に変わるというか、物理とか数学とかすごくできる人がいて、自分はその分野では勝負できないなと。でも逆に、自分の好きなものづくりの方向に進んだらそれなりに自分にもやれることがあるんじゃないかと思いました。

大学入学当初は、工学部の中でも航空工学科に行きたいと思っていたんですが、結局は建築学科に進学しました。これは今振り返ってみても正しい考え方だったかは分かりませんが、当時の僕には、航空工学の技術的なところに行くとどんどん狭い専門的なところに入り込んでいくように感じられたんです。スペースシャトルの車輪を頑張ってつくる。もちろんそれはとても意義深いことですが、自分の性格を考えた時に、それだと何かしっくり来ないところがあった。それに比べて建築はローテクなところがあって、いまだに現場で大工さんが手を動かしてつくっていて、技術の最先端ではありませんが、ものの全体像を見ながらものづくりに関わっていくことができるんじゃないか。そう考え建築学科に行こうと決めました。

　ただ、今はどうか分かりませんが、当時の建築学科と航空工学科は人気ナンバーワン、ナンバーツーだったため、ちゃんと良い成績を取っていないと進学することはできません。ところが、僕の行っていたような寮に詰め込まれて勉強づけになる高校出身の学生は、なかなか自分で生活をコントロールすることができず留年しがちな傾向があって、僕もちょっとそれに流れて留年してしまい、ストレートで希望の建築学科に進学することはできませんでした。でも建築学科に行くと自分で決めてからは、きちんと単位を取ってやらなければいけないということもあって、比較的前向きに取り組めるようになりました。結局、1年留年はしましたが、希望の建築学科に進学しました。

とにかく設計に没頭した建築学科時代

　建築学科に入ると、ようやく好きなものづくりができるようになった感じです。基礎となる技術的な授業や歴史的な授業は、今思うとすごく良い先生に教えてもらっていましたが、当時はあまり興味が持てなくて、授業にはあまり出ていませんでした。もっぱら設計課題という、敷地を与えられて、ここに家を設計しなさい、美術館を設計しなさい、学校を設計しましょうといった課題に没頭していました。設計して模型をつくって製図室で同級生と夜な夜な建築論議をして、何ヵ月かに1回やってくる先生たちの前での発表を迎えて、そこでコテンパンにやられて、また次の設計課題に取り掛かる。そ

ういうことをずっとやっていました。当時高校の仲の良かった友達を建築学科に案内したことがあって、彼は医学部に行きましたが、こんなに熱心な人たちがいるのかと思ったと今でも飲みの席で言われるくらい、建築学科はみんな熱く設計に打ち込んでいた学科だと思います。

大学院入試で失敗し、ヨーロッパに建築旅行へ

　そんなこんなで建築学科の学生は、専門課程が短いこともあってだいたいが大学院を受験します。ところが僕は勉強が得意ではなく、大学院入試に失敗してまた留年することになってしまいました。今となれば留年を経験できたのも神経質さが取れてよかったなと思います。親には申し訳ないですが。

　留年している間、さすがに何もせずブラブラしているわけにもいかないので、組織設計事務所の入社試験を受けることにしました。建築学科を出て設計で就職するとなると、それまでにどういう勉強をしてきたかという作品集をつくる必要があります。これもいい機会だと思って、それまでの設計課題とかコンペとかでつくった資料をまとめて、大手の組織設計会社を回って就職活動をしました。その中で1社、社長面接まで行ったんですが、最後に落ちてしまいました。じゃあ留年中どうしようということで、ヨーロッパに建築を見るための旅行に行ったりしました。

　建築には、写真とか図面を見ただけでは伝わらない、実物を見ないと理解できないものがあります。国内の建築はいろいろ見に行っていましたが、僕らが学んでいた建築の流れはヨーロッパから来ているものが結構大きな影響力を持っていたことから、やはりヨーロッパの建築を見て回りたいという気持ちがありました。当時はインターネットもあまり普及していなかったので、いろんな本を掻き集めては先輩に聞き、現地でも時刻表を片手にたどりついた町の駅で次のホテルを探す、といった状況でした。そうして、フランス、スイス、ドイツ、イタリアのいろんな町を建築学科の同級生と歩いたり、1人で歩いたりしながら様々な建物を見て回りました。社会人になるとなかなかまとまった時間が取れなくて、今考えてもそこで感じたことは自分がものを提案したりつくり出したりする上で役に立っていると思うので、学生のう

ちに時間をしっかり取って見に行けたというのは良かったと思います。

「選択と偶然」——建築事務所への就職

　そんな留年時代の最後の方で、実際に設計事務所で働くってどういうことなんだろうと、東大の大野秀敏先生がやっている設計事務所でアルバイトをしました。そこで模型をつくったり図面のお手伝いをしたりしていたんですが、その時に事務所の先輩から、「大野さん、金子さんのことを気に入ってるみたいだよ」という話を聞いて、じゃあこのまま就職させてもらおうかなと。軽い感じで就職が決まってしまいました。行き当たりばったりというところもありますが、いずれは自分で設計事務所を持ちたいというのがどこかにあって、その中でお話をいただけたのでその道を選んだということです。

　ここで、2つめのキーワードを挙げたいと思います。それは「選択と偶然」です。大学までは選択肢がある程度分かりやすく、どういう道に進めるかが非常に明快なことが多いと思います。そこに至る道筋もオープンです。試験は一斉に行われ、そこに行けばそれまで積み上げたものが確実に発揮できる。

　ところが就職活動になると、急にその状況は変わってきます。まずどういう仕事があるのかという選択肢自体が良く分かりません。僕も社会に出ていろんな人と会ってようやく何となく分かってきましたが、まだまだ知らない仕事はたくさんあります。大学に残るとか、大企業に行くとか、中小企業の面白そうなところに行くとか、役人になるとか。あるいは起業する、フリーランスになる、家業を継ぐ。さらに、国内で働くのか、海外に行くのか。いろんな選択肢があってそれを選んでもさらにその先に無数に選択がある。さらに「じゃあXXになりたい」と思った時にどういう道筋を立ててどういう能力を鍛え、誰に会いに行ってどうしたらなれるのか。そういう道筋もなかなか分かりません。

　今まで自分で頑張っていればコントロールできていたものがコントロールできなくなってくる。不明瞭で不確実な要素が増してくるのが、就職活動以降の環境の変化の特徴のひとつなのではないかと思います。僕の場合も、何

となくやりたいことはありましたが、結局はいろんな偶然が重なって今があります。大学院に落ちたから就職活動をしましたが、もし大学院に受かっていたら違う道に行ったでしょうし、就職活動に通っていたら楽しくてその会社に今もずっと勤めていたかもしれません。

今だって、フリーランス的に動いているので自由でいいですねと言われますが、僕の仕事は人の出会いからでしか始まらない。仕事の協力者、パートナー、クライアントというのは全部人とのつながりの上で出てくる要素で、なかなか自分ではコントロールしづらいものなんです。もともと僕は「ご縁」という曖昧な言葉はあまり好きじゃなかったんですが、社会に出ていろんな分野で活躍している方のお話を聞くと、「ご縁があって」という話を本当によく耳にします。どんな分野で活躍していても、人と人とのつながりがものごとのきっかけになるということは変わらないのかなと感じています。そういう偶然で決まるってなんだか不公平じゃないかと思うかも知れません。でもそうした偶然に備えて、そのチャンスが来た時にそれをつかめるように準備をしておく。そういう意識も大切なのではないでしょうか。

独立して分かったこと

さて、大学の先生の事務所に行ったところまで話しました。行った時点である程度は将来自分で独立してやるんだろうなということはありましたが、いざ独立するとなるとやはり不安はあるわけで、そこは論理的に割り切れるものではありません。後で思うとそれは大きな間違いなんですが、たまたまその時に友人から住宅の設計の話をもらっていて、独立してしまえば何とか仕事がつながるかな、と楽天的に考えて独立をしました。それが30歳くらいの時です。

独立するとデザインだけでなく、営業も自分でやらないといけません。仕事を取ってくることも自分の仕事に含まれていて、デザインが好きで始めたはずなのに、デザインしているよりも人に会って話をしていることの方が多いということも生まれてきます。幸い、僕は人に会って話をするのが好きだったので独立は肌に合っていたと思いますが、中には組織に所属して、契約

のこととか会計して税金を払うとか求人するとかいう心配に振り回されないでデザインの仕事を純粋にやりたいという建築士の友人もいて、それも選択肢のひとつだと思います。

　あと、建築現場で大工の方など現場の人たちに指示をしないといけないんですが、結構現場には気性の荒い人がいたりもします。そういう人たちに設計の意図を伝えて動いてもらわないといけない。そのコミュニケーションが大変なこともあります。ただ、これに対してはちょっといい経験もありました。設計者の驕りなのかもしれませんが、僕たちは自分の設計したものを工務店やゼネコンにつくってもらっているというイメージがあって、いつも「ありがとうございます」と言っているんですね。ところが最初に紹介した山口の老人福祉施設の物件で、ゼネコンの所長さんとの飲みの席で「いつも僕たちのわがままを聞いてもらってすいません」と言ったら、「何を言ってるんですか、設計さん。建物をより楽しんで建てているのは僕らの方です」と言われたんです。僕たちがつくっていると思っているのは思い上がりで、現場の人たちは現場の人たちで思い入れを持って、建物をつくってくれているんだなと。ああ、ものづくりに直接携わることができて良かったと思える瞬間でした。

「独創性と共感」──想像できていなかったものをつくる

　独立後、日々頭を悩ませるというか、よく考えるテーマが「独創性と共感」です。やはり仕事をするからには自分にしかできないような仕事をしたいと思う人は少なくないと思います。僕も、今まで誰も見たことがないような建築をつくりたい。

　じゃあ今まで見たことがないような仕事をする時にどうしたらいいかと言うと、独創性だけを磨いていても実現できないんですね。誰かに共感してもらわないといけない。それは組織が大きくなったとしても変わらないことで、お客さんなり上司なりに考えていること、まだ存在していないものの魅力をきちんと伝えて共感してもらえないと先に進まないんです。

　例えば住宅をつくる時に、お客さんがやってきて、海を楽しむお家が欲し

いとか、子どもとコミュニケーションを取れる温かいお家をつくりたいと言って、ここにこういう窓をつけてほしいとか、リビングと子ども部屋をくっつけて欲しいとか、要望に対する具体的な解決策も一緒に持ってこられることが多くあります。そういう具体的な要望に応えることはそれほど難しくはなくて、そこである程度の満足感を得てもらうことは可能だと思います。

　でも僕がやりたいと思うのはそこからさらに突っ込んだところにあります。たぶんお客さんが自分で気付いていない潜在的な欲求、それを満たしたい。何かこういうふうな生活がしたいと相手が言った時、具体的にイメージできる解が必ずしもベストな解とは限りません。僕らは経験的にもいろんな試みをやっているので、いくつかの解がパッと浮かびます。きっとこの方が言っているのはこれに当てはめるとすぐに解決して喜んでもらえるんだろうなと思う時があります。でも、そこであえてそれを提示しないというやり方も取るようにしています。たどりつきたいのは想像できていなかったものなんですね。想像できてなかったんだけど、それを見たら、確かに欲しかったのはこれだと思ってもらえるような、そういう解にたどりつきたいと思っています。

　共感を得ていくためには、伝える能力も非常に大切です。伝わらなければ、その案はそこに存在していなかったのと同じです。社会に出るまでは、自分の考えを相手がくみ取ってくれるのではないかという期待感があると思います。しかし競争して仕事を取る中では、そうもいきません。自分が考えていることを相手に伝えることの大切さをいつも痛感します。理系の人は、良いものをつくれば受け入れられると思いがちです。しかし、人はそれほど論理的に物事を考えていません。「この人、良い人そうだからお願いしよう」とか、信頼感で物事が決まってくることもあります。

悩んで行動できる環境は素晴らしい！

　今日僕は、「マニュアルと臨機応変」、「選択と偶然」、「独創性と共感」という観点から、これまで戸惑ったり悩んだりしてきたことについてお話ししました。実際にはほかにもいろんなキーワードがあると思います。皆さんも

これからいろいろな条件を取捨選択したり、自分に決められない要素があったりして、いろんなことのどこにバランスを置くかを悩み続けていくことになると思います。安定を目指すのか、不安定でも面白い生活を目指すのか。収入を取るのか、仕事の満足度を取るのかとか。果たしてこの仕事は向いているのか、いないのか。でも続けていたら何とかなるのか。国内・海外どちらで仕事をするのか。自分に投資するのか、お金を貯めるのか。

　僕はひとりでやっているので、こういうことを自分で判断できる立場にいます。もちろん自分で全部受け止めなければいけないのでつらい時もありますが、こんなふうに悩んで行動できるということ自体がありがたいことなんだなと思いますし、そういう環境に感謝できる、そういうところに身を置けるのはすごく良いことだなと思っています。

仕事はいかに「ワクワク」するかで選ぼう

2017.12.1 LECTURE

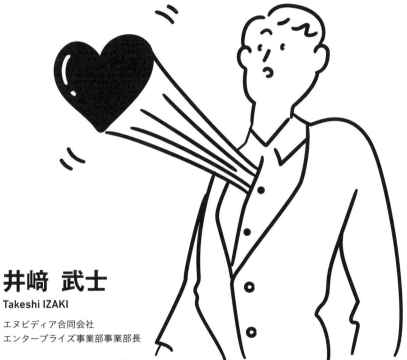

井﨑 武士
Takeshi IZAKI

エヌビディア合同会社
エンタープライズ事業部事業部長

PROFILE 1997年東京大学工学部材料学科卒業、1999年東京大学大学院工学系研究科金属工学専攻修了。1999年日本テキサス・インスツルメンツ株式会社に入社。DVDアプリケーションプロセッサー、携帯電話用カメラ映像、画像信号処理プロセッサー、DSPアプリケーションの開発を経て、デジタル製品マーケティング部を統括。エンターテイメント製品からインダストリアル製品にいたる幅広い領域のビジネス開発に従事。2015年エヌビディアに入社し、ディープラーニング（深層学習）のビジネス開発責任者を経て、現在エンタープライズ事業部を統括。2017年6月に設立された一般社団法人日本ディープラーニング協会の理事も兼任している。

人工知能という新たな領域を開拓する仕事

　私はエヌビディア（NVIDIA）合同会社のエンタープライズ事業部にいます。エヌビディアはコンピューターグラフィックス処理などの並列演算を得意とする半導体を提供しており、近年その演算力が人工知能（AI）の分野でも広く活用されることで、このAIブームの火付け役となった企業として注目されています。エヌビディアの本社はカリフォルニア州のサンタクララに、日本法人は東京の赤坂にあります。1993年に創業、従業員数は世界で約1万2000名（うち日本は約100名）です。創業者 兼 CEOのジェン・スン・ファンは台湾系のアメリカ人です。彼は雑誌『フォーチュン』で2017年の最優秀ビジネスパーソン・オブ・ザ・イヤーに選ばれるなど、業界で高く評価されています。

　AIの話では、よく「ディープラーニング」という言葉を耳にすると思います。ディープラーニングは高度な計算力を必要としますが、エヌビディアが開発したGPU（Graphics Processing Unit；画像処理装置）は、そのディープラーニングに欠かせない存在です。というのも、従来のCPU（Central Processing Unit；中央演算処理装置）では処理が追いつかず、時間が掛かりすぎてしまうためです。ディープラーニングをしようとするとGPUを使わざるを得ず、それが結果的にエヌビディアの業績を押し上げています。

　エヌビディアが創業以来やってきたことは、新たな市場の創造です。コンピューターグラフィックス、並列コンピューティング、AIの世界の市場を切り拓くと、そこに新しいビジネスが生まれます。エヌビディアは、切り拓いたマーケットを大きくするために、ユーザーを増やしていく活動、いわば伝道師的な活動から始めます。私もディープラーニング関連の教育セミナーを数多く行っています。2017年6月には日本ディープラーニング協会もつくり、ディープラーニングの産業界での活用促進や、AIの技術の創出を行っています。また、政府に対しての提言活動や、使う人を増やしていくための人材教育、資格試験にも取り組んでいます。

ディープラーニングが拓く新しい世界

　実際にどんなことを AI が行っているのかを見てみましょう。ディープラーニングや AI を使って様々な問題が解決されています。医療の事例、例えば血液の中の状態をディープラーニングで解析することで病気の予測をしたり、もしくはサンゴの状態を見て自然破壊の程度を判定することができます。授業内で鑑賞しているビデオに流れている音楽自体も AI によってつくられています。このように新しい音楽をつくったり、ビジュアライゼーション、つまり画像をつくっていくようなことも AI でできるようになっています。自動運転が最近話題になっていますが、自動運転も AI がものの認識をしたり、走行経路を自分で考えたりするというところにエヌビディアのテクノロジーが使われています。

　エヌビディアの GPU は高度な計算能力を持っているので、様々な分野や現場で応用されています。医療機器、PC ゲーミングや、ハリウッドの映画の CG、スーパーコンピューターにも使われています。それからドローンによる災害救助やインフラ点検、ラストワンマイル（物流センターから顧客の戸口まで）の無人配送や、ロボットの作業の高速化や工場内の機器の故障の予知も取り組まれています。将来的な AI シティの構築に向けて、監視カメラに AI を搭載し、自動的に不審者などの存在を判別する機器も開発されています。

自分の裁量へのこだわり

　今はディープラーニング業界で働いていますが、私はもとからその分野にいたというわけではありません。私のこれまでのキャリアについて紹介したいと思います。

　学部 1 ～ 2 年生の頃、将来何になるかあまり考えていませんでした。進振り（東京大学の以前の進学選択制度。「はじめに」注釈 1 参照）では、工学部精密工学科で人工臓器を勉強したいと思っていたのですが、1 ～ 2 年の時

にあまり勉強しなかったので第1志望は通りませんでした。そこで、もともと物理が好きで材料や物性物理にも興味があったことから、最終的には材料学科に進みました。材料学科に入ってみると、思ったよりも興味が湧いて多少勉強するようになりました。そのまま学部で卒業するつもりでしたが修士まで行き、最後はプラズマの研究などをしていました。

修士で就活しましたが、この時、就職先を選ぶためのいくつかのこだわりがありました。ひとつは外資系に対する単純な憧れで、もうひとつは自分が仕事をしていく上で自分に対して任される仕事の量や裁量でした。これらを中心に考えて日本テキサス・インスツルメンツ株式会社を選び、1999年に入社しました。本社はテキサスで、外資系の半導体メーカーとして日本に初めて進出したのがこの会社でした。進出当時の通産省が国産の半導体は産業の米だと非常に応援していた中、1968年に日本テキサス・インスツルメンツ株式会社ができた当時は新聞が「黒船来襲」と書くほどのインパクトでした。

インストラクターからエンジニアへ

日本テキサス・インスツルメンツ株式会社に入社後、まずはDSP（Digital Signal Processor）インストラクターを3年間担当しました。DSPはデジタル信号の処理を行うプロセッサーです。私は、DSPのユーザー教育のほか、教材開発、輸入した教材の翻訳などの仕事をしました。具体的に3年間で何をやったかというと、4日間のハンズオン（体験学習）のセミナーのインストラクターです。4日間で価格にして1人12万円ぐらいをいただいて、朝の10時から夜の5時まで付きっきりで10人ぐらいを教えるという仕事でした。

教育ばかりやっていると自分が開発をしたくなり、開発部門の方に移してくれと上司に1年ぐらい言い続けたら「もういいから開発に行け」と言われ、2002年〜2005年までDVDやハードディスクのレコーダー（今ではブルーレイですが）のプロセッサーを開発するチームに入りました。そこで様々なソフトウェアやハードウェアの開発をやっていました。ある程度開発も終わ

ってビジネスが軌道に乗ってきたところで、2005年に会社の方針で携帯電話向けの、写真や映像を撮影処理するプロセッサーの開発に移されました。まだスマートフォンがない時代、当時ノキアが世界で一番シェアを持っていた携帯電話の分野で処理エンジンの開発をしていました。

　その後HDTV、今の皆さんが見ているフルHDのテレビの、トランスコーダーという処理エンジンの開発をしていました。しばらくして今度は遊戯機器、要するにパチンコやパチスロのオーディオエンジンをつくっていました。パチンコは結構な数の音楽が流れます。どこかに玉が入るとピョンと言わなきゃならないし、エラーが起こればそのための音楽を流さなくてはいけないので、多彩なマルチチャンネルのデコーダーという、技術的にはしっかりしたものが入っています。それを4年間ずっとパチンコメーカーと開発していました。出荷前にパチンコ台に不具合が見つかると突然呼び出しされることも多くありました。パチンコメーカーはほとんど名古屋にあるのですが、いきなり電話が鳴って、出たら今すぐ名古屋に来てくださいと言われ、バレンタインデーに妻とのディナーをキャンセルして、そのまま東京から名古屋に行って4日間徹夜をしたこともあります。そんなこともありながら開発を続け、2010年には、テキサス・インスツルメンツの半導体主任技士の認定を受けています。

マーケティングから人事まで

　2007年〜2008年ぐらいから社長に「エンジニアはそろそろいいです。ビジネスをやりたいんですけれども」と2年間ぐらい言い続けていましたら、2011年に会社の組織変更があり、いきなり十何人の部下を与えられてマーケティングのマネジャーになりました。

　マーケティングと言っても基本的にはよくあるイベントでのPRだけではなく、お客さんのところにどういう戦略で売り込んでいくかを考えて、パートナーと連携、営業と連携してビジネスをつくっていくというようなビジネス・ディベロップメントといわれるような仕事です。そういったところでデジタルのプロセッサーとかBluetoothとかWi-Fiとか、デジタル・デバイス

の製品マーケティングをやっていました。外資系企業のマネージャーはハンコだけ押しているのではなく、自ら多くのお客さんのところに行ってトラブルシューティングをしなければいけませんでした。

　ところが2014年、アメリカ本社側の方針でマーケティングの部署が突然廃止されることになりました。会社が競争力を維持していくために人材整理が必要になったのです。部門がなくなると、その部門長は部下を辞めさせるというか、次のキャリアパスを考えた方がいいんじゃないかという説得をしなければならない。十何人の説得をするのがすごくつらかった。でも、毎日のように人事から今日はどうですかと聞かれるので、泣く泣く部署を解体しました。

　あらゆる人脈を使って部下の再就職先を斡旋などもした後、私自身は営業に行くのかなと思っていたら、社長と人事本部長から人事部へ異動しないかと説得されました。人事の仕事は初めてで、自分の経歴から見ても人事というのが意味が分からなかったのですが、部署を解体していた3ヵ月の間に考え方が変わってきました。会社の戦略というのは人材をどういうふうに配置していくかがとても重要だということに気付いたんです。そういう納得感を得て、人事へ行きました。

　人事の仕事には給与計算、労務問題、社会保険、年金など様々な作業がありますが、それは専門家じゃないと無理です。では私には何をできるのかということで、人材の採用と教育、労務問題を担当することになりました。労務問題については弁護士と法律の話をしなければいけないので勉強をしました。人材の採用と教育においてはインストラクターの経験が生きました。製品をアピールすることと、会社をアピールすることに違いはないと考えたからです。結果的には人事部に所属していたのは1年少しぐらいでしたが、給与制度改革なども行うことができ良い経験をしました。

人工知能分野への転職

　人事の仕事を続けるうちに「このままずっと人事の人生でいいのか」という迷いが生まれました。同じ頃の2014年11月、元テキサス・インスツル

メンツで、現在エヌビディア日本法人の代表である大崎真孝氏からいきなり電話が掛かってきました。「お前、人事を一生やるのか。これからは AI だ。井﨑くん、エヌビディアに来て AI の部隊を率いてくれ」という、引き抜きの電話でした。

それまで私は AI は少しもやったことがなくて、何をやるのか全然分からなかったのですが、取りあえず考えろと言われたので、考えさせてくださいと言って保留にしました。人事もいろいろ仕事があるので、その電話の話はだんだん忘却の彼方に行ってしまっていました。

そうしたら 2015 年の 3 月ぐらいに大崎氏から「お前、いいかげんにしろ。いつまで待たせるつもりだ」と言われました。将来的なことを考えたり、給与面もありますし、今社内で様々なポジションについている中でどうしたものかと思ったのですが、いろいろと調べるうちに「これは行ってみる価値があるかもしれない」と思って、日曜日の夕方、妻に「俺、会社変わってみようと思うんだよね」と言ったら、「だよね。そんな感じがしてた」と言われて、こいつすごいなあと思いましたね。それで、2015 年にエヌビディアに転職しました。エヌビディアに転職してからは、ディープラーニングのビジネス・ディベロップメントの部長を経て、今年の 4 月からエンタープライズ事業部を統括しています。

仕事を選ぶ時に何を考えるのか

人によっては何度も転職をされている方もいらっしゃるし、ひとつの会社にずっと働いている方もいらっしゃると思いますが、私にとってはエヌビディアはまだ 2 社目でしたので、この転職はキャリア・ディベロップメントの観点から非常に思い悩んだところがありました。

実際に仕事を選んでいく時に何を考えたらいいでしょうか。人間、男性、女性、いろいろ差はあれど、大体 80 歳ぐらいが平均寿命だとします。ゼロ歳で生まれて 80 歳で死ぬ。仕事をする期間は、学部卒だと 23 歳ぐらいから仕事をし始めて、最近は 65 歳までが一般的になってきていますので、42 年間仕事をするわけです。すると、人生の半分以上も仕事をしていることに

なる。ここの時間の使い方はすごく重要です。仕事をする前の学生時代や仕事をリタイアした後の老後を楽しく過ごすこともちろん大切ですが、人生の大部分を占める仕事が楽しくなかったら人生つまらないじゃないと私は考えています。

ですので、この真ん中の部分をいかに楽しくしていくか、これがつまり私が仕事を選んでいる尺度になっていて、自分が何に1番楽しく、何に1番ワクワクできるのかが大切だと考えています。私は何にワクワクするか。それは新しいテクノロジーで社会を変えていくことができることだと思っています。それで今のAIのテクノロジーや、最初に紹介したDSPに魅せられたのです。

より創造的な仕事へ

現在、AIは第4次産業革命を起こすと言われています。第1次産業革命は蒸気機関が出てきた時です。第2次産業革命が大量生産、第3次産業革命がオートメーションとかコンピューターができた時代です。そして今、4つめの産業革命の核が人工知能、ディープラーニングといわれています。産業革命というぐらいですから、あらゆる社会の仕組みやビジネスモデルがすべて変わっていくぐらいのインパクトがあります。アメリカのある調査では、ディープラーニングだけで2025年に200兆円の市場になるとされています。

当然良い面だけではなくて、様々な社会的な変革があります。オックスフォード大学のマイケル・A・オズボーンらが公表した論文では、アメリカの中の話として10年、20年の間に労働人口の47％が機械に置き換え可能であると述べています[1]。単純な作業や様々な計算で、ある程度できるもの、もしくは人工知能みたいに何かの問題を特徴量を使いながら判定できる部分

---

1. Frey, Carl Benedikt, and Michael A. Osborne (2013) The future of employment: how susceptible are jobs to computerisation? Working Paper of Oxford Martin Programme on Technology and Employment, Oxford Martin School, University of Oxford.　https://www.oxfordmartin.ox.ac.uk/publications/view/1314（2018年7月26日閲覧）

は、どんどん人工知能やロボットに置き換えられていくと。では人間は何をするのか。もちろん人工知能を使いこなしていく立場や、より創造的、あるいは高次の仕事に移っていかなければいけません。

私の基準は「ワクワク」感

　皆さんはこれから、そんな様々な選択肢がある中で仕事を選んでいくことになると思います。私のケースでは、新卒の時は新しい未来をつくるようなテクノロジーを追究しているか、を企業の価値として見ていたところがあり、半導体が今後面白いんじゃないかと思ってテキサス・インスツルメンツを選びました。もうひとつ当時グローバル化がよく言われていた時代で、海外でどういうふうに活躍するかという話が出ていたので、閉塞的ではなく開かれた環境であるというのが私としては重要かなと思って外資系に入りました。最近崩れてきてはいますが、年功序列は日本の会社の大きな特徴で、学生の時は「仕事ができるやつがお金をもらって当然だろう」というちょっと生意気な意識もあり、年齢を問わずに活躍でき、それが評価される環境というのが私にとっては非常に重要でした。

　転職時は自分で探したわけではなくヘッドハントされているので、どういう基準で選ぶかというよりは、この会社に行く時に何が決め手だと思ったかですね。やはり就職の時と同じくテクノロジーが世界を変えると確信したというところがあって、AI、ディープラーニングのテクノロジーはいろいろな部分を変えていくだろうと、それに非常にワクワクしたというのがひとつの要因です。あとは、エヌビディアCEOのジェン・スン・ファンが非常に強烈な男で、非常に頭がよく示唆に富んでいるというか、話もなるほどという納得感を持って聞けました。新たな気付きをどんどん与えてくれるところもあって、このCEOと一緒に仕事をしてみたいなと思ったのもひとつです。

ユニークな企業文化の中で

　エヌビディアのユニークな企業文化が3つあります。そういうところに魅

力を感じたのも、この会社に入ろうと思った理由のひとつです。

　ひとつは、常に学習をしていけ、学んでいけ（Be a Learning Machine）です。技術や市場はどんどん進化していくので、学習を会社に入ってもずっと続けていくことが重要で、新しい仕組みであったり、新しい技術をどんどん常に吸収していって自分を高めていくことが重要です。

　2つめは正直になれ（Be Honest）です。これはうそをつくなということだけではなくて、例えば、技術に対して正直になっていく。こういったものが科学技術として大切だというところに正直になって、それをもとに開発をしていくとかいうことも含んでいます。

　3つめは、光のスピードで動け（Speed of Light）です。「SOL」という合言葉になっていますが、光というのは世界で一番高速なものになりますから、結果的には最速で動けということで、こういった企業がどんどんビジネスを成長させる時は、ゆっくり考えていても間に合いません。いかに速く動いていくかということで企業は成長できるので、そこをエヌビディアのカルチャーとしています。

仕事をするために必要なこと

　私にとって仕事をするために何が必要だったんだろうと思い返してみました。5つのことが必要だと考えています。ひとつはイニシアティブを取る。自分が率先して様々な仕組みを作ってお膳立てをして、イニシアティブを取っていく。2つめはやり切る力です。途中で諦めてしまうとか、言いわけをしてしまうのではなくて、とことんきちんと自分がやる、コミットしたものに関しては最後までやり抜くというのが重要です。

　3つめはコミュニケーション能力で、これは内勤だろうが外回りだろうが同じですが、いろいろなところの関係各所もしくはお客さんと、あるいは海外も含めて、どういったコミュニケーションをしていくか。これは分かりやすく伝えるということだけではなくて、いかにキーパーソンを巻き込んでいくかとか、そういった関係性をきちんとつくっていくかというところも含めたコミュニケーション能力です。

4つめはレジリエンス、逆境力と言われているものが重要です。仕事をしていると必ず壁にぶつかることや、大変な目に遭うことがあります。そこできちんと自分の中で冷静に分析して、それを解決するために1番いいソリューションを選択する。もちろん、ベストなソリューションを選べない場合もあります。ただ、必ずその状況の中でより良いソリューションをきちんと選ぶ。精神的にも強くなければならないですが、そこを乗り越えていく突破力が必要になってきます。これは非常に重要だと思っています。

最後に体力。あまり関係なさそうに見えるかもしれませんが、体力はすごく重要です。どんどん自分で仕事ができるように変わっていくと、やる範囲も広くなってきます。私は海外ともやり取りがあるので、例えば、朝の7時〜8時から電話会議をして、それから会社に行って、お昼ご飯は取れれば取りますが、取れなかったらそのまま仕事続行です。夕方の5時〜6時になってもその後、お客さんとの会食があれば夕食ですが、なければ11時ぐらいが食事の時間で、そんなことをやって、夜中の1時ぐらいまで電話会議があったりして。体力がないとやっていられないです。そういった意味で考えると、私のワークライフバランスは破綻していて、すべての会社がこんな会社ではないですが、体力がないとなかなか仕事を乗り越えられません。それは間違いないと思います。皆さんも学生時代にサークル活動とかやられると思いますが、体力は付けておく必要があると思います。

大学の勉強は役に立つのか

大学の勉強と実際の仕事って関係するのですかとよく言われます。微分積分とか仕事で使うのかとか、サイン・コサインなんて将来的に使う機会あるのかなという話です。私の考えとしては、大学の勉強は必ず役に立ちます。これは必ずしも自分の専門分野が今の仕事にマッチしているかどうかということではなくて、目の前にある問題をどういうふうに解決していくのか、その手段をどのように組み立てていくのか、あとは、自分が何か新しいことに取り組む時に、どんな勉強の仕方をするのかというところで、大学時代に学んだことが非常に役に立ちます。

私はエンジニアとビジネスをやっており、様々な場面で多様な課題に遭遇してきました。そうした時に、大学や修士論文研究でどのような考え方で問題をクリアしていったかというプロセスは頭の中に残っているので、それを使って課題を解決することもあります。これは自然とやれているところがありますが、論理的な破綻がないとか、抜けや漏れがないとか、そういった論点も大学の勉強の中で得ているのです。

教養を大切にしよう

　あとは、私は学部1～2年の時にあまり勉強しなかったので偉そうなことは言えないのですが、教養課程の授業は重要です。多くの単位を取ろうと思って登録したけれど結局出なかった授業が多数ありましたが、これは本当にもったいないことをしたなと思っています。例えば、お客さんと海外で話をした時に美術の話になる。まったく美術なんて分からないけれども、教養課程の講義には美術論という講座がありました。ああいう講義にちゃんと出ておけばもうちょっとちゃんと話ができたよなとか、そういった教養を身に付けるということは後になってその重要性が身に染みます。

　海外ではいろいろなことを仕事以外の時にしゃべります。政治の話をする時もある。「私は民主党は何々で」と議論をふっかけてくる人がいたり、日本はどうなんだという話になったりする。天皇制がどうだという話になったり、第二次世界大戦の話になったり、もしくは美術の話とか、まったく違うフィールドの話をされるケースもある。その中で自分の考えをきちんと言えるかどうかは非常に重要です。私は社会人になって本を読んで勉強しましたが、大学の教養の時にせっかく授業があったのだから勉強しておけば良かったなと後悔しているところもあります。

　語学力についても、AIがこれから進化していくと英語なんか勉強しなくてもいいんじゃないのという話もあるのですが、本当に意思疎通がスムーズに行くのはもう少し時間がかかります。なので、そのためにきちんと語学力を付けておく必要があります。英語があまりしゃべれないと外国人の方もある程度しゃべる内容を制限してしまって、心を開いてくれなくて、聞きたい話

がよく聞けない。きちんとコミュニケーションが取れると、ああだこうだとディスカッションができて、もっと深い情報が取れたりするので、これは非常に重要だと思います。

人とのつながりも大切にしよう

　それから、しっかり遊びましょう。遊ぶというのはサークル活動やほかの活動もあると思います。いろいろな世の中の考え方を知り、もしくはコネクションやネットワークを膨らませ、周りをきちんと見ていく上で、遊んでおくのは非常に重要です。例えばサークルの運営に携われれば、そこで段取り力が付いたり、コミュニケーション能力、リーダーシップが身に付きます。様々な価値観を学び、多様性を身に付けていくことは非常に重要です。日本国内にいると日本の常識しか分からない。東大には東大の常識みたいなものもあります。多くの方々と会うことによって、こんな考え方もあるのかと思い、それを理解することで、そういう方々にどうコミュニケーションを取っていくのかとかを学ぶことができます。海外は特に考え方、価値観も全然違うので、そういったことで吸収していかなければいけない。ある程度密なネットワークを作っていくのも重要です。それと、学生時代だからこそ様々な業界に行く人とネットワークがつくれるんです。例えば、官庁と話をしなければいけない時に、誰にコンタクトを取ればいいかと考えて、じゃあサークルの友だちのあいつに聞けば分かるなとか。どこかの会社の役員と話をしたい時に、同期に連絡を取って紹介してもらうとか、仕事をしているといろいろな形でネットワークがすごく生きていると思うことがよくあります。

自分の意見を言える人になろう

　最後に皆さんへのメッセージとして、自分の意見を言える人になってほしいということをお伝えして終わりたいと思います。どうしても日本人って、発言をしない。場を乱したくない。またトンチンカンなことを言いたくないというので黙ってしまうことが結構あります。特にこれは英語の現場だと多

くて、電話会議で誰も話そうとしない。何か意見はないのかと言われて、ようやくモゴモゴというところがあります。やはり自分の意見をしっかり話す。自分の意見を話さないと、こいつ何も考えていないと思われがちなので、そこをきちんとスピークアウトして、外部に対処していくというのが非常に重要になってきます。主体性を持って、自分の言葉で主張していくことが重要だと思います。

世界観をつくるデザイナー
2016.12.16 LECTURE

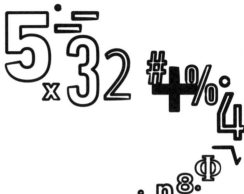

中村 勇吾
Yugo NAKAMURA

ウェブデザイナー／インターフェースデザイナー／映像ディレクター　tha ltd. 代表取締役　多摩美術大学教授

PROFILE　1970年奈良県生まれ。東京大学大学院工学部卒業。1998年よりウェブデザイン、インターフェースデザインの分野に携わる。2004年にデザインスタジオ「tha ltd.」を設立。以後、数多くのウェブサイトや映像のアートディレクション／デザイン／プログラミングの分野で横断／縦断的に活動を続けている。主な仕事に、ユニクロの一連のウェブディレクション、KDDIスマートフォン端末「INFOBAR」のUIデザイン、NHK教育番組「デザインあ」のディレクションなど。主な受賞に、カンヌ国際広告賞グランプリ、東京インタラクティブ・アド・アワードグランプリ、TDC賞グランプリ、毎日デザイン賞、芸術選奨文部科学大臣新人賞など。

「画面」をデザインするのが僕の仕事

　こんばんは、中村です。僕は東大出身者としては割と珍しいデザインの仕事をしているのですが、今日はこれまでの僕の作品を最初に紹介して、その後にデザインの仕事ってどういうものかを紹介できればと思っています。

　僕がやっているのは、オン・スクリーン・メディアのデザイン。いわゆる「画面」のデザインです。今までは画面のデザインというと、イコールテレビの何かをつくったり、映画をつくったりという、映像コンテンツをつくることだったのですが、そうではなくて環境にあるいろいろなスクリーンを横断的にデザインしていこうということで、スマホのアプリケーション、ゲーム、映像、モーショングラフィックス、その延長でプロダクトデザインなどを手がけています。

　例えば、『NEC ecotonoha』は普通のウェブサイトとは違っていて、閲覧者は1日1回だけクリックできて、メッセージを書き込むことができます。そのメッセージが葉のように伸びて木が成長していきます。企業はクリックされた分だけ実際に植樹活動をします。また INOBAR というスマートフォンのユーザーインターフェースを設計しました。触感が非常に強いスマートフォンで、「画面」の奥のものの存在感を高めたタイプです。

　私は基本的にプログラミングを手段にいろいろな表現を考えているのですが、その流れで映像をつくっています。「DROPCLOCK」は映像と時計の中間のようなもので、これまでとは違う映像のあり方を探りながらつくりました（図）。プラスチックの文字が水中に落ちていくのをハイスピードカメラで超スローモーション撮影しています。落ちるまで実際には 0.2〜0.3 秒ですが、それを 1000 倍ぐらいに引き延ばしています。ドラマや映画を見るような時間軸ではなく、部屋の中にこのような映像時計があって、ずっと動いていて、「水にもいろいろな表情があるんだな」と感じることができる。映像メディアを単なるコンテンツではなく、空間の中の一部、インテリアの中の一部という捉え方をしてつくりました。

　ほかにも、NHK の教育番組『デザインあ』（E テレ）で使われる映像の全

CHAPTER III 試行錯誤しながら進む

Art Direction / Design: Yugo Nakamura
Film Direction / Edit: Erica Sakai
Movie Produce: Aco Suzuki
Camera: Mitsuru Komiyama
Lighting: On Hosaka

体的なディレクションも行っています。グラフィックデザイナーの岡崎智弘さんがつくっている「解散！」という人気コーナーでは、ものを解散することでものの構造を見ていきます。例えば、ひなあられは4色均等なのか、果物の構造はどうなっているのかなど、ものをバラして、コマ撮りで3日ぐらいかけて映像をつくっています。子どもにデザインという考え方やアプローチを教えていこうというのが番組のテーマです。ただし、デザインというのは子どもに教えるには高度な概念ですから、その一歩手前のところで、いろいろなものを観察して物事を見る視線を養おうということでつくっています。

ある対象の本質を具体化する

デザインといっても、いろいろな分野のデザインがあります。デザイナー

と言うと、おそらく皆さんは、ある対象、ポスターでも瓶でも椅子でも良いですけれども、ある対象を美的に構築したり、形を洗練させたりする人というイメージが強いと思います。もちろんそれもデザイナーの大切な仕事ですが、ただ、今のデザインというのは、こういうことだけにとどまらない。大げさに言うと、デザイナーとは、ある対象にまつわる多様な知見をガッと統合して、ほらと言って具体化する人です。ある対象をデザインする時に、単なる造形だけでなく、それにまつわるいろいろな知見、いろいろな歴史、いろいろな概念がありますが、そういうものを頭の中で統合して、何が本質かを見出して、これを具体化するならこうでしょうというのを実際に形で見せる。それがデザイナーの仕事です。

　そういうのを1番やっている有名な企業のひとつがアップルだと思います。よくアップルのスティーブ・ジョブズが言っていたことで、「アップルというのはテクノロジーとリベラルアーツの交差点にいる」と。リベラルアーツというのは人文科学も自然科学も含めた、ざっくり言うと教養ということです。東大の教養学部というのは、そういうリベラルアーツ的なことにささげられていると思いますが、要するにテクノロジーだけの企業ではなくてそれが人間にとってどうなのかとか、人間の生活をどう変えるのかとか、大げさに言うと地球にとってどういう影響があるのかというような、そういういろいろな知見とテクノロジーの交差点にいるというようなことを言っています。これはスティーブ・ジョブズだけでなくて今のデザイナーの共通した認識だと思います。

東大出身のデザイナー

　参考までに東大出身のデザイナー、あるいは表現にまつわる仕事をしている人はどんな人がいるでしょうか。僕が興味のある範囲で調べてきました。建築は1番多いです。なぜなら東大の工学部に建築学科があるから。古くは丹下健三さん、最近だと隈研吾さんや藤本壮介さん、割と名だたる人が東大の建築学科出身です。プロダクトデザインは山中俊治さん。今東大の生産技術研究所の先生をやっています。メディア系だと有名なところで佐藤雅彦

さん、あとは厚かましく僕もそのひとりですね（笑）。

　職業柄いろいろなデザイナーの方と会うのですが、僕の体感的な統計でいうと、6割が美大卒で、残りの4割が一般大卒です。一般大卒の中でも東大卒の人は非常に少ない。一般大でもデザインに力を入れているところは少なくないのですが、東大生はあまりデザインの分野には来ないように思います。そんな中、数少ないですがデザイナーになる東大出身の人は、何かを美的に造形するということよりは、いろいろなことを統合して具体化するような、いわゆる統合型のデザイナーが多いように思います。ただ単にきれいにしようということではなくて、デザインによって新しい世界観とか価値観を提示しようとしているデザイナーです。

　例えば、丹下健三さんは代々木の国立競技場をつくった建築家ですが、テクノロジーと造形の統合を見事に行いました。また、プロダクトデザイナーの山中俊治さんも、ただきれいなプロダクトをつくるのではなく、例えばロボットにおける生き物らしい動きとは何かを追求するなど、エンジニアリングの中における美学を追求しているように思います。『ピタゴラスイッチ』で知られるメディアクリエーターの佐藤雅彦さんは、ただ面白いだけではなく、ものの背後にある考え方を伝えるという、通常の映像デザイナーやグラフィックデザイナーとは一線を画す仕事をされていて、ただかっこいいだけではなくて、人間の中にある認知機構を研究して、そこを再認識させるようなものを表現に転換して作品としてつくられていると思います。

世界観をつくるデザインの面白さ

　デザインの醍醐味、面白さとは何かというと、何らかのものを具体化することを通じて、これまでとは違う世界観を提示したり、あるいは今までの価値観を更新したりすることです。「こういう見方もあったのか」とか「こういう捉え方があったのか」とか、そういうことが僕らの仕事の職業的な醍醐味なんです。

　ちょっとしたプロダクトでもすごく世界観を提示しているものがあります。たとえば、サンフランシスコのベンチャーがつくった Nest Learning Thermostat（ネスト・ラーニング・サーモスタット）というデバイスです。日本の人は馴染みがないと思いますが、学習的なアルゴリズムが搭載されたサーモスタット（温度調節器）ですね。ヒーターとかにこれが直接連携していて、自動的に人が動く時間帯とか、この人、何時に起きてきて、何時に活動するなとか、何時には会社に行っていなくなるなというようなことをサーモスタットが自動的にセンサーで検知して、何もしないでも最適な温度に常に部屋の状態を保って、しかも省エネにしてくれます。これは、人がまったく操作せず、そこにあるだけで環境を整えてくれるという考え方が表現されたものです。割と小さいプロダクトですが、こういう考え方もあるよねと、いろいろな人が影響されてそういうものがワッと増えていきました。あるいはみんな知っていると思いますが、Uberのような、車で移動したい人と車に乗っているけれども時間が余っている人をソーシャルスペースの中でマッチングさせて、需要と供給を結ぶ。それによってUber運転手という新しい仕事が生まれたりして、そういうちょっとした社会のありようとか、働き方のありようみたいなことに影響をおよぼすようなものもあります。

　僕の考えですが、最終的には世の中に具体的につくられた事物たちが人々の生活を変えていく、その最終的な舵取りを行うのがデザイナーの役割ではないかと思っています。もちろん最終的に具体的につくられる前にいろいろな工学的な知見や基礎科学の発見などが土台にあるのだけれども、最終的に何かのものだったり、システムだったりが人の世界を変えていくということです。デザイナーというのはそのバランスや、最終的にどうあるべきかを考える、とても大事な仕事だと思っています。

センスとは知識と観察力

　繰り返しになりますが、何が言いたいかというと、デザインの仕事はすごく面白いと。あと、デザイナーが果たす役割も、きっと皆さんが思っているよりもずっと大きい。さらに今のような話で言うと、割とバランス良く、広く勉強している、そういうデザイナーが世の中で求められています。知見が広くて、論理的な演算力も高い人といったことです。なので、東大生に割と

向いているかもしれません。

　エンジニアや研究者の方々とコラボレーションする時に話をしているとよくある会話があって、「私ね、センスに自信ないんですよ」と。でもこれは違うと僕は思います。センスの有るなしというのは、ざっくり言うと知識の有るなしです。センスというのは、今までどれほどのものを見てきたかとか、いいものを見続けてきたかという知識の集合体です。何かを見た時に自分の頭の中のアーカイブのどういうものを参照しながら、こういうものがあるんだ、こういうのがいいみたいなことを表に出すか、ということなんです。これって、大学での勉強と変わらないと思いませんか。僕もデザインの仕事を始めたのはだいぶ遅かったのですが、いろいろな作品を見まくっていたら、何となくできてきて「まあまあじゃん」みたいな感じになってきた。そういう意味では観察力も非常に大切です。ともあれ、センスみたいな謎の言葉で壁をつくってしまってみんな入ってこない。でも、それはもったいないと思います。

絵が下手でもデザイナーになれる

　ほかにもよくある会話で、「私、絵とかすごく下手なんですよ。デザインとか全然できませんわ」というのもあります。その時僕は「俺のほうが下手ですよ」とよく返しています。僕は絵がメチャクチャ下手です。丸もちゃんと書けないし、キーボードに触りすぎて自分の字もおぼつかないという感じでどんどん退化しています。そういう人でも何とかできるということです。もちろん最終的には描くという行為が大事なのですが、上手に描けなくてもできるという話です。ですから、デザインというのは美大で絵の勉強をした人しかできないというものではありません。

デザイナーだけが不安定なわけじゃない

　あとよく言われるのは、「生活とか不安定なんでしょう？」ということです。デザイン事務所って、大きいところもありますが大体のところは小さい。

たまに見込みがあるというか、こいつ良いなと思って、「うちでやってみない？」と言うと、僕は大学までお父さんがお金掛けてくれたんで、でかい会社に行かないといけないんですよね、みたいな。「勇吾さんの事務所はどのぐらい保証してくれるんですか？」「生活、不安定なんでしょう？」と。残念ながらそれは否定できない（笑）。不安定です。

　ただ、結構長く人生を生きているといろいろなことがあって、大企業に就職して、ものすごくハッピーに自分の能力をいろいろな組織の中で発揮している人もいれば、何かどこかのメーカーの何とか研究所に入って、よく分からない部署に入って、「こんな仕事したくないのに取りあえず5年間はいないといけない」というようなことになって、だんだん腐っていくような人も結構いる。いつの間にかちょっと世の中の今に求められていることから離れ小島になって、自分の職能が変なところで固定されてしまう。たとえ大企業に入ったとしてもそういうリスクはあります。みんなそれが嫌で転職したりしますが、その点、僕ら小さい事務所はフットワークが軽いので、これは面白そうとか、これはやっておくべきみたいなことがあればすぐできる。別に上司の確認とかは要らない。そう考えると、意外とこういうフットワークが軽い状況を自分で設計する方が将来的なリスクは低いかもしれない、という考え方もできるんじゃないかなと思います。

　繰り返しになりますが、多様な知見を統合してそこから本質を見出すのが好きな人、デザイナー、向いてるんじゃないかなというのが今日の僕のメッセージのひとつです。こういうのに興味を持った人は、ぜひ何かつくってみてください。

僕がデザイナーになるまで

　僕のちょっとした略歴をまとめてきました。灘中、灘高を出て、東京大学の理科一類に入りました。なぜ入ったかというと、本屋でガウディ（スペインの建築家）の写真集を見て建築家になりたいと思ったのがきっかけです。とりあえず日本の建築家はどこ出身かと見ると、ああ東大じゃないかと。

　ところが、入ったのは良かったけれど、どうしても朝起きられなかった。

理系の人は分かると思いますが、大学に入ると数学とか急にメチャクチャ難しくなる。概念的になって、あれ？　全然分からない…みたいになって、結果、まったく大学に行かなくなった。多分前期のテストの3個ぐらいやってあかんわとなって、そこから1年テストも何も受けなかった（笑）。自分の中で、「もともと浪人する予定だったのが、たまたま現役で通ったから1回休むチャンスはあるだろう」というような謎の理論をつくって行かなかった。

　そういうことを繰り返しているうちに進振り（東京大学の以前の進学選択制度。「はじめに」注釈1参照）があった。当時建築学科はすごく競争率の上の方にあって、いつの間にか全然手の届かない存在になっていた。それもあって今の工学部・社会基盤学科に当たる土木工学科に進んだ僕は、景観研究室という、風景をデザインしていこうというような研究室に入りました。研究室に入っていろいろな研究とかワークショップをしているうちに、3年生にしてやっと勉強とか研究することに目覚めた気がします。あとはできたばかりの研究室だったので、コンピューター係みたいなのをしていました。生協でマックを10台ぐらい買うみたいなことをしていたのですが、そのついでにインターネットのウェブサイトというのがちょうどできた時期だということもあって、「ウェブなんか面白い」「インターネットというのが面白いな」と思って、自分のホームページとかをつくるようになっていました。

　いろいろ研究に興味を持って大学院にも行き、中規模の設計事務所に入社しました。「俺はすぐ独立してやる」とか、「みんなをごぼう抜きだ」とか思っていました。大学院生になっても相変わらず朝は起きられなかったんですが、きっと社会人になったら治ると。友だちには寝ぼすけがたくさんいましたが、銀行とかに入社したら治るわけです。じゃあ僕も治るのかなと思ったら治らなかった（笑）。入社した設計事務所では、ずっとインチキ東大生と言われていました。ちょっとした挫折ですね。そのころ現実逃避で、会社が終わった後、夜9時ぐらいに帰って深夜の3時ぐらいまでずっとひとりで、2〜3ヵ月無駄な情熱を注ぎ込み、当時少なかった動的な、動きのあるユーザーインターフェースの実験場のようなウェブサイトをつくったんです。すると何か知らないけれども、世界中ですごいホームページがあるぞと有名になりました。設計事務所の仕事をインチキ東大生としてこなしながらも、そ

のウェブサイトを見て僕を本職のデザイナーだと勘違いして来たドイツ人とかオランダ人から仕事を受注して、メールだけで納品したりしていた時期がありました。

　それを2年ぐらい続けていて、やっぱりデザイナーをやろうかなと思うようになりました。設計の世界にも理想はあったのですが、どうも自分には才能がないなと。メチャクチャ一生懸命やっていたのですが、なんか覚えられなかった。それは大学の時の「数学、分からない」みたいな感じと同じで、これは駄目だと。人から評価されたデザインの方で頑張ってみようということで、ちょうど子どもが生まれた時に会社を辞めて独立しました。おかげさまで、独立してすぐ仕事はあったんですが、入金が遅い。納品してから入金するまでのタイムラグがあるんですよね。だから半年ぐらい何も収入がない時期がある。独立当初はそれを知らなくて、あれ？となって貯金が3万というぎりぎりのところまで行っていました。

　その後何とかV字回復的に戻り、ウェブ制作会社の立ち上げに参加したりしました。最初に立ち上げに参加した制作会社が株式上場しようといろいろやり始め出したのをきっかけに、僕はその会社を辞めて、フリーランスになったんですが、その時にちょうど住宅ローンを組んでいたので、それを返すために必死でしたね。

　自分で会社もつくって、その時はネットでは世界的に有名なのだけれども、日本では誰も知らないという状態でした。たまたまNHKの『プロフェッショナル』に、「ウェブデザイナー・中村勇吾の仕事『ワンクリックで、世界を驚かせ』」というようなのになぜか呼ばれて、「出ます、出ます」と言ったら、みんなが勘違いして有名な人だと思ってくれて（笑）、すごく仕事が増えました。ああ良かったという感じですごく忙しくしていたのですが、忙し過ぎていろいろ見失い現在に至っています。なので今は、割とまったりと暮らしています。

「選択」と「集中」

　こういう略歴なので、僕の歴史は何の教訓にもならないとは思いますが、

あえて「これからの時代をどう生きるか」ということで僕なりに大事だなと思ったことを言います。それは「選択」と「集中」です。

「選択」についてまず話します。今まで話していたように、なんだかんだいろいろな選択をしてその選択のそのまた次の選択、そのまた次の選択、そのまた次の選択ということで、その選択の連続の結果、偶然今の自分がいるというように僕は人生を捉えています。本当に偶然だなと。今こういうところでこういうのを話していることもそうです。

学生の時は努力が占める割合が多いですよね。勉強したら成績が上がるし、大学も通るし。ただ社会に出れば出るほど偶然が占める割合はより増してきます。不本意な部署になったり、取り引きしている会社が変なサイトをつくってネットでたたかれたり、そういう偶然性が増してきます。1個1個選択をするのですが、最終的にそれが良い選択であったか悪い選択であったか、その時点では分からない。多分こちらが良いんじゃないかなと選択するけれど、結果は分からない。その時に大事だと思うことは、自分の選択が将来どうなるかというのをあまり予想してもどうせ分からないので、それは仕方がないことと思います。だからこそ、1個1個の選択に対してちゃんと向き合って自分が納得するというのが大事だと僕は思っています。

この企業に行ったらどうなるんだろうとか、この大学に残って研究すると俺はどうなるんだろうとか、そんなことは誰にも分からない。なので考えすぎても仕方がない。でも納得感は欲しい。そこで僕はいつも大事な選択、例えば会社を辞めたり、新しい会社を立ち上げたりという時に考えることがあります。それは、「一度選択をして5年後仮に駄目だったとしても、そこからタイムマシーンで今戻って来ても同じ選択をするか」ということです。それでもやっぱりやるとなるものを選択するようにしています。

次に「集中」についてですが、僕は1度選択をしたらそこにメチャクチャ集中する方が何かと効率的というか、何かと良いと考えています。どんな分野でも3〜4年ぐらいそこの会社でワーッと頑張って集中したら、大体分かってくる。「俺、これ面白いな」とか「やっぱり向いていないな」とか。ボーッとしていたら、10〜20年経っても、「向いていないっぽいけどもうちょっと頑張るかな。いいところもあるかもしれないな」と考えるかもしれ

ませんが、集中すれば3〜4年で分かる。ということは、短期で失敗か成功か分かるということです。そうすれば次に行くチャンス、回数が増えますよね。ですから、集中して短期決戦した方が良いと僕は思っています。

　みんな就職してその就職先がいきなりハッピーなら素晴らしいことなのですが、そうでない確率の方が高いです。僕もかなりあっちこっち行って「ああ、違う」というのを繰り返しています。ただ3〜4年で決着をつけて駄目だったら移動している。今最終的に自分で会社をやって10年ぐらいになりますが、これはずっとやるんだろうなと思います。結局俺は自分で独立するのが良かったんだというのが自分で分かるまでに3〜4回トライできたわけです。そこのお試しの回数は増やした方がいい。そのためには目の前の仕事を選んだ以上は頑張るというのが効率的。入ったけれども、もやーっとして、「なんかやる気しねーな」と言ってボサッとしているのが1番非効率的だと思います。それに、やったけれども失敗だったわということも意外と後で役立ったりするということは必ずあります。僕も設計事務所でやっていたことが意外と今役立っていたりします。

　まとめると、「選択」と「集中」によってやり直しのチャンスを増やすことができる。だからどんどんやり直していこうというのが僕からのメッセージです。常に選択と集中。今日この授業に来たのも選択のひとつなので、これが結構未来に影響することだってある。これからの時代をどう生きるかというのは、結局、今をどう生きるかということだと思います。そういう1個1個を考えて選択して、これと決めたら集中してやったら良い。僕としては、僕がここで話したことで、僕がいるようなデザインの世界に誰かひとりでも来たらいいなと思っています。ちょっと面白いかもというようなことがあったらいろいろつくってみたりすると道が拓けるかも知れないし、自分の興味が発見できるかもしれません。

本授業の背景にあるキャリア理論

キャリアの築き方に正解はない
クランボルツ「計画された偶然性」

標葉 靖子 Seiko SHINEHA

　「将来何になりたい？」たいていの人は、子どもの頃に一度はこの質問をされたことがあると思います。高校生になって進路選択が迫ると、限定された知識や経験から将来の方向を決めなければならないようなプレッシャーを感じて悩んだ人もいるのではないでしょうか。「教養学部生のためのキャリア教室」でも、「どうやって（進路を）決めたらいいのかを教えて欲しい」と、解法を求めて受講する東大生は決して少なくありません。本授業では、そんな学生に対して、自分のキャリアは自分で築いていくものであるということ、そして、その築き方には、こうでなければならないという正解などないということを、多様な講師陣によるキャリア談義を通して伝えてきました。
　本コラムでは、そのような授業趣旨の背景にある、キャリア開発に関するひとつの考え方を紹介したいと思います。

変化が激しい現代において、想定外の出来事があなたのキャリアに影響をおよぼすことは避けられません。でもそれは決して、キャリアを自分で舵取りすることはできないという意味ではないのです。スタンフォード大学教授でカウンセリング心理学者のジョン・D・クランボルツは、予期せぬ偶然を当人の主体性や努力によって最大限に活用すること、また積極的に行動することで自らチャンスを創り出していくことが重要だとして、「計画された偶然性（Planned Happenstance）」（Mitchell, Levin and Krumboltz 1999）という理論枠組みを提唱しています。その時々で目標を立ててもよいが、自身の成長や学習、学習の変化に伴って、その目標は常に変化する可能性がある。であれば、常に目と心をオープンにしておこう。クランボルツはそう言います。

　さらにクランボルツは、「偶然」をチャンスに変える5つのスキルを以下のように提示しています。

好奇心（Curiosity）：新しい学習の機会を模索する
持続性（Persistence）：挫折にめげず、努力し続ける
柔軟性（Flexibility）：状況の変化に伴い変化していく
楽観性（Optimism）：新しい機会は必ず実現する、可能になるとポジティブに考える
リスク・テイキング（Risk-Taking）：結果がどうなるか分からなくても、行動に移す

　本書のⅢ章のテーマは、まさにこのクランボルツの考え方をテーマとしていました。しかしながら、ここまで読み進んでくださった読者の方であれば、Ⅲ章だけでなく、Ⅰ章もⅡ章も、同じように幸運やチャンス、予期せぬ出来事などの転機を活用し、あるいは自ら創り出してきたお話だったことに気付かれたことと思います。今はまだ将来何をしたいかよく分からないという学生も、これ以外はないと既に決めている学生も、今自分に見えているものだけにこだわることなく、新しい考えや経験にオープンであり続けて欲しいと思います。

　さて、私たちがキャリア教室を実施するにあたり想定したターゲットは、大学には来たけれど、その先の進路についてはまだまだ漠然としている、そんな「普通の大学生」でした。実際、毎年授業前に実施するアンケートでも、受講を決めた学生の多くが本授業に関心を持った理由を「将来についてあまり考えていないので、考えるきっかけにしたい」と回答しています。中には、「将来の進路が決まっていないのは不安だし、焦る」という学生もいます。

　クランボルツはその著書の中で「ある調査の結果、18歳の時に考えていた職業に就いているという人は、全体の約2％にしかすぎないことが分かった」（クランボルツ＆レヴィン、2005）[1] と述べています。実際の数字が正しいかどうかはともかく、確かに私自身も18、19歳の頃にはまったく想定していなかった人生を歩んでいますし、本教室に登壇してくださった多くの先輩方もまた、様々な予期せぬ出来事があったと語ってくださいま

した。こうした多くの先輩方の多様なキャリアを知ってもらうことが、将来をどう決めたら良いか悩んでいる学生に「18、19歳の今、将来の目標が決まっていなくても、それ自体は問題じゃない」ということを伝える一助になるのではないかと、私たちは考えています。

以下少し長いですが、本授業に対する学生の声を一部紹介します。皆さんがキャリアについて考えてみる上での参考となれば幸いです。

学生の声

・学生Aさん

　将来の目標もなく、大学生活をどう過ごせば良いのか分からなくなっていた夏休みの時期に、たまたまこの授業を見付けて、自分自身が考えるきっかけにしようと思って受講を決めた。(中略) どの方も、大学に入ってからの経験によって現在のキャリアに行き着いたという方が多く、大学入学時からなりたい職業が決まっていて大学ではそれに向かって一直線！みたいな方は少なく感じた。私も前者なので、東京大学はそういった学生が多いし、その環境が整っているのかなと感じるようになった。その環境を生かしてじっくりと自分のキャリアについて考えたいと思う。

・学生Bさん

　進振りを真面目に考え始めたAセメスター、シラバスでこの講義を見た時、この授業を受ければ自分のキャリア像がはっきりと意識できるようになり、学部選択に生かせるのではないかとまず考えた。しかし、得られたものはもっと深いものだった。講師の方々には、ジョブチェンジを何度も行う方が多かったことから、ひとりに対してひとつの職という考えは絶対的でないと考えた。また、海外へ行った経験のある講師

---

1. キャリア開発に関しては、ここで紹介する理論以外にも様々な理論が提唱されている。日本におけるキャリア研究の第一人者である金井壽宏氏は、「本来ひとりひとりにユニークでパーソナルなテーマとならざるをえないキャリアの理論化に際しては、どのように研ぎ澄まされた理論でも、単一の理論ではすべてを説明しきれない」(金井、2010) とし、人生には様々な節目があり、その節目の時期にはキャリアをしっかりとデザインすることが適合し、節目と節目の間にいる時にはポジティブな意味でドリフトする（流れの勢いに乗る）のが適合すると述べている。本コラムの参考文献は以下。
金井 壽宏 (2010)「キャリアの学説と学説のキャリア」『日本労働研究雑誌』52 (10): 4-15.
クランボルツ, J. D.・レヴィン, A. S. (著) 花田光也・大木紀子・宮地夕紀子 (訳) (2005)『その幸運は偶然ではないんです！』、ダイヤモンド社.
Mitchell, K. E., Levin, A. S. & Kramboltz, J. D. (1999) Planned Happenstance: Constructing Unexpected Career Opportunities, Journal of Counseling and Development 77: 115-124.

の方からは、海外経験が視野を広げるということを学んだ。

　僕がこの講義から得られたのは「このキャリアに就こう」「そのためにこの学部に入ろう」といったことではなく、「今まで自分が本当にやりたいことは何なのか、考えてこなかった」という事実と「学部にこだわる必要はない」ということであった。視野が今までよりは広がった分、ある意味悩みは増えてしまった。しかし、これは自分の人生においてとても意味のある悩みだと思う。授業は終わったが、これからも自分と向き合い、情報収集に努めようと思う。

・学生Cさん

　（本授業の）初回と比べ、自分のキャリア意識が大きく変わったと実感した。1番には、思考が柔軟になったことだと思う。大学時代学部で学んだこととはまったく異なる職についている方、興味を持っていることにとことん打ち込んでいる方、様々な方面に活躍を広げている方などからのお話を通して、キャリアより本当に今好きなことを幅広く貪欲に学べば良いのだと思うようになった。同じようなことはグループのメンバー[2]もみんな感じていて驚いた。そのことによりもっと幅広く学ぼうと思った人も、逆に将来が分からなくなったという人もいたが、自分はどっちでもあると感じた。進振りガイダンスなども始まっているが、よく考えていきたいと思う。

---

2. キャリア教室の最終日は、受講生が4～5名のグループになって、それまでの授業で登壇した10名、ないし11名のゲストスピーカーの講演を振り返り、自分が考えるその相違点や共通点、自分にとって印象深かったことなどを議論するグループワークを行っている。同じ話を聴いていても、そのとらえ方や感じ方にも多様性があることに気付くことで学生自身の価値観を相対化してもらうことが、ひとつの狙いである。

CHAPTER

Ⅳ 教養のススメ
──〈役に立つ〉を超えて

　多くの社会的な課題を抱える現代。〈役に立つ〉ことが強く求められ、〈役に立たない〉と見なされたものは切り捨てられてしまうようになってきています。そんな時代だからこそ、学生には、軸となる専門をしっかりと深めるとともに、単に物知りであることとは一線を画す、人がどう生きるかに深く関わる「教養」も身に付けていって欲しい──私たちはそう考えています。

そこで最終章となる本章では、日本の科学技術政策や高度教養教育に関わる様々な審議会で委員を歴任されている小林傳司氏の講演を紹介します。小林氏が提案する「これからの時代の教養」のあり方はきっと、〈役に立つ〉というとらわれから自由になるきっかけを与えてくれるはずです。（標葉 靖子）

CHAPTER Ⅳ 教養のススメ

人生、大学を出てからのほうが長い

2017.12.15 LECTURE

小林 傳司
Tadashi KOBAYASHI

大阪大学　理事・副学長

PROFILE　1954年生まれ。1978年京都大学理学部卒業。1983年東京大学大学院理学系研究科 科学史・科学基礎論専攻博士課程単位取得満期退学。福岡教育大学講師・助教授、南山大学人文学部助教授・教授を経て、2005年より大阪大学コミュニケーションデザインセンター教授、副センター長を歴任。2015年8月より現職。著書に、『誰が科学技術について考えるのか──コンセンサス会議という実験』（2004年、名古屋大学出版会）、『トランス・サイエンスの時代──科学技術と社会をつなぐ』（2007年、NTT出版）ほか。2001年に科学技術社会論学会を設立。専門は科学哲学、科学技術社会論。

今もあがいています

　今日皆さんにお伝えしたいのは、「人生、大学を出てからのほうが長い」ということです。普通、22〜23歳で大学の学部を出ますよね。それから大学院に5年ぐらい行ったところで、30歳前後になります。そこからの人生って長いですよね。つまり、大学で学んだ、あるいは大学院で学んだものだけで一生生きていくのは無理だということです。大学で最新のものを身に付けても、数年で陳腐化します。今言ってもピンと来ないだろうと思いますが、大学を出てからが勝負です。大学を出てからも常に自分で自分をバージョンアップしていく。そのために必要な素養や能力をどうやって身に付けるかというのが、大学の時にかなり意識しなければいけないことのひとつです。入ったばかりでそんなことまで考える余裕がないのは分かりますが、大事だと思っています。

　もうひとつ、今皆さんには「こういうことが分かればいいな」とか、気になっている問題とか、問題意識ってあると思います。私もあった。30歳になったら、40歳になったら、そういうのは解けるだろうと思っていました。皆さんもそう思っているのではないですか。でも、解けない。60歳になっても解けない。同じ問題意識をいまだに抱えている。そして、あがいています。「そういうものですよ」ということを、18、19歳の人に言って通じるかといったら通じないということも分かるのですが、一応最初にそういうことを言っておきたいと思います。

50万人が読んだ私の文章

　簡単な自己紹介をします。2017年のセンター試験です。2002年に出した私の「科学コミュニケーション」[1]の一節が国語の試験問題になりました。こ

---

1. 小林 傳司（2002）「科学コミュニケーション——専門家と素人の対話は可能か」金森修・中島秀人編著『科学論の現在』勁草書房、pp. 117-147。

こにいる皆さんはほぼ試験会場で読んでくださっているんじゃないでしょうか。2016年は国語の全国平均が129点だったそうですが、それが2017年は20点以上も下がった。それはこの文章のせいであるというふうなことを言われて、「硬質な科学論」と評されているようです。入試センターに集まっている先生がこれを選んだわけで、もちろん著者である私には事前に何の連絡もありません。だから私のせいだと言われてもねえ。ただ、私にとってうれしいことがひとつだけあって、私の書いた文章で最も読者が多い文章になりました。大学の先生が本を書いても、例えば、それが碩学のものでも50万部という部数は簡単にはいかない。50万人が読むなんていうことはめったに起こらない。ところがこの文章を、2017年1月の段階で50万人以上が読んだわけです。これは私の書いた文章で最大の読者数を誇ります。この問題は模擬試験や参考書に収録されていますので、読者数はまだまだ増えていくということで大変うれしい。中身を考えて読む人がどれだけいるかは分からないですが(笑)。

　ただ、科学論がセンター試験の国語の問題に出たというのは割と面白いことかもしれません。ゴレム[2]がどうのこうのとか、重力波がどうのこうのという話が書いてあったと思います。素材は理系的な素材だけれども、論理展開は文系的な論理展開になっています。評論文ですから、数式が出てくるわけではない。しかし、科学をこういう理屈で論じることができるんですよというものになっている。こうしたことは、高校までの教育ではほとんどやりません。なので皆さんびっくりしたというか、異質な感じがしたのではないかと思います。これは、私が文系なのか理系なのかという話とも関係してくるわけです。

---

2. ユダヤの神話に登場する、人間が土と水から創り出した怪物のこと。科学社会学者であるコリンズとピンチは、その共著(下記)の中で、魔術的力を備え成長する、強大な力を持つも不器用で制御できなければ危険ともなりうる怪物ゴレムを科学の真の姿であると喩えている。
コリンズ, H.・ピンチ, T. (著)／村上陽一郎・平川秀幸 (訳)(2001)『迷路のなかのテクノロジー』、化学同人。

大学受験──文学部に行くか、理学部に行くか

　私は京都生まれなので、当然目指す大学は京大と。ほかは全然考えない。通っていた中学高校は6年一貫制の進学校で、東大に行く者もいましたが、東大を目指す者は官僚になりたいと言って文科一類を目指すとか、試験というものがあるとむやみに一番難しいところを受けたいということで理科三類狙いという感じでした。それ以外はほとんど京大を受けるのが普通だった時代です。

　私は文学部か理学部か迷った。かなり真剣に迷っていました。高校の時から人と違うことをやるのが好きで、他人と同じことはやりたくないタイプでした。高校で理系を選択すると、一般入試の理科は物理と化学、もしくは化学と生物という王道パターンのどちらかで受験します。だから、高校の理系クラスはそういう生徒向けの時間割になっています。私は理学部を受けたのですが、科目は物理と生物。これは変態パターンです。だから独自の戦いになるわけです。効率の悪い、空き時間がいっぱいできるような時間割で高校を過ごしていました。

　なぜ物理と生物にしたか。霊長類学とかサルの研究とか、とにかく生物学が好きだったことがひとつの理由です。当時の京大理学部は霊長類学で有名でした。ちなみに今（2019年現在）の京大総長で、ゴリラ研究の第一人者である山極壽一さんは私の京大時代の先輩にあたります。それで行きたいなというのがひとつあった。一方、化学は嫌いだった。とにかく調べたら分かることを憶えるのが嫌い。当時の私にとって化学はそういう科目のようにしか思えなかった（誤解だと思いますが）。ところが物理はロジカルで気持ちがいい。だから物理は好き。生物も好き。化学は嫌い。したがって物理・生物で受けると。

　そんな形で理学部に行きましたが、生物でも霊長類学に特に関心があったように、もうひとつ、「ヒトって何だろう」という感覚がずっとありました。だから文学部にしようか理学部にしようかと悩んだわけで、結局、理学部にしたということです。

理学部に入ったけれど――向いてなかった実験科学者

　理学部というのは実験科学者をつくるのが教育の基本です。2〜3年生になると週の半分ぐらい、ほとんどの日の午後は実験が入ってきます。グループで実験をやったりします。ところが私の手は「ゴッドハンド」でありまして、私が触るとなぜかデータがおかしくなる。そのため仲間に迷惑をかけるという構造になるので、だんだんグループの中では手を動かさずに、「そもそもこの実験によってこういう結果が出ると言っているけれども、論理的にはまだ穴がいくつかあるのではないか」などという理屈っぽいことばかり言って、評論をして回るようになりました。すると教授が、「君、口を動かさずに手を動かそうね」と言うわけです。私が「（本当に）手を動かしてもいいんですか？」と言ったら、「うーん、やめた方がいいかもしれない」と（笑）。その頃から、どうも自分には実験科学者はあまり向いていないなと思うようになりました。

　それから、京大の理学部には、サルの研究をしたいと思うやつが全国からたくさん入ってきます。その連中はみんなタフです。体力も精神力もすごく強いやつがいっぱいいます。サルの研究というと、サルが生息しているところに研究に行くわけです。フィールドワークです。行くと、毎日サルを観察し、そして自分もサルのような気分になる。サルが食べたものは自分も食べる。そういうことをするタイプのフィールドワークです。それができるにはまず胃腸が強くないと駄目です。

　タフな連中は1ヵ月もサルと共に暮らしていますから、気持ちがもうサルになっている。サルがタタタッと走って、崖からポーンと向こうまで飛ぶ。もうサルになっていますから、一緒にポーンと飛ぶわけです。空中で「ああ私は人間だ」と気付く。そして、落ちる。けがをして骨折をして帰ってくる。でも、楽しかったと言う。そういうやつがいるわけです。それから、ゴリラとかチンパンジーを研究する部隊は、アフリカでフィールドワークをやります。サバイバルナイフ持って何日間かサバンナを歩くとか、そういうトレーニングをして、それを喜びと感じられるような人間が霊長類学者になってい

くわけです。神経質ですぐおなかを壊す、私のような人間にはとてもついていけない。

科学哲学との出会い

ともあれ、学部生の頃に私は実験科学者に向いていないなと思って、文学部的なというか哲学的な関心が盛り返してきました。理屈っぽいわけです。理学部というのは、すごく実験が好き、あるいはフィールドワークが好きで、それで自然に対する経験的な研究をするのが大好きだというタイプの人間が圧倒的に多いんですが、少数ながらひたすら理屈をこねるのが好きという人間がいます。そういう人間は、論文を読んだ時にその論理構造を把握するのが非常に速いというか得意。私はどうもそっちのタイプだと気付きました。

科学に関心があって、哲学っぽいものがやりたくて、どうしようかなと。京大には文学部があって、哲学がある。そこで話を聴きに行ってみました。「こういうのに関心があるんですけれども」と言ったら、「田邊元先生[3]が昔、科学の哲学を研究している」と。「でも、それは大正とかの科学が対象ですよね。現代の科学についての哲学的な理論に関心があるんですけれども」と言ったのですが、そういう研究をしている人は当時の京大文学部にはいなかった。

では、その頃現れてきた科学論とか科学哲学という分野はどこで行われていたかというと、東大の駒場（教養学部）だった。八号館、当時は八本（ハチホン）と言っていましたが、そこに大森荘蔵[4]先生とか伊東俊太郎[5]先生、村上陽一郎[6]先生という、哲学や科学史とか科学論の先生たちがたくさんい

---

3. 田邊 元（たなべ はじめ、1885-1962）。西田幾多郎とともに京都学派を代表する思想家・哲学者。主な著書に『懺悔道としての哲学』『種の論理の弁証法』など。
4. 大森 荘蔵（おおもり しょうぞう、1921-1997）。戦後日本の哲学に大きな影響を残した哲学者。主な著書に『言語・知覚・世界』『物と心』など。
5. 伊東 俊太郎（いとう しゅんたろう、1930-）。科学史家、文明史家。主な著書に『近代科学の源流』『十二世紀ルネサンス』など。
6. 村上 陽一郎（むらかみ よういちろう、1936-）。科学史家、科学哲学者。主な著書に『科学者とは何か』『近代科学を超えて』など。

ました。
　ここからは当時の国立大学、旧帝大系の豊かさを感じるエピソードなのですが、私の指導教官は日高敏隆[7]という昆虫学者、動物行動学者で、変わった先生でした。幅が広い。実験科学者ではない私のような理屈をこねる人間を面白がってくれた。村上陽一郎先生のことも、「村上くん？知っているよ。呼んであげよう」とほとんど私だけのために京大理学部の集中講義で呼んでくれました。村上先生の講義の中身に本当に関心を持っているのは約1名、私だけだったとさえ思うのですが、贅沢なことでした。
　その時授業に出た上で、村上先生に「私もこんなことをやってみたら面白いと思っているんですけれども、大学院に受け入れてもらえるでしょうか？」という話をしました。そうすると村上先生は「受けるのは自由ですよ」と。それと、「食えませんよ。覚悟してね」「職ないよ」と、そう釘を刺されました。「はい、分かりました」と。でも分かっていないんです（笑）。全然分かっていなかったと思います。自分が食えるようになるとか、食えないという感覚がなかった。それが私が22歳ぐらいの時です。ただ面白そうだと思って行ったという、無謀なことをしたなと今でも思います。

「文転」した大学院時代

　東京大学大学院の科学哲学の講座は、今は総合文化研究科にありますが、当時は理学系研究科の中に科学史・科学基礎論専攻としてありました。ということは、大学院入試の一次試験は理系の大学院の物理とかああいうところに行く学生と同じ試験、つまりサイエンスの試験を受ける。ところが二次試験になると、哲学の試験に変わるわけです。わけが分からないでしょう？文学部の人はまず入って来にくい。一次試験が障壁になります。もちろん駒場の教養学部の中から上がってくる学生さんはいましたけれども、外からの

---

7. 日高　敏隆（ひだか　としたか、1930-2009）。日本に動物行動学を最初に紹介した研究者の一人。日本動物行動学会を創設、初代会長。主な著書は『チョウはなぜ飛ぶか』『ネコたちをめぐる世界』など。

理学部崩れ、つまり私のような人が何人も来るようになりました。京大から来たのは私が最初ですが、あとは東北大から来た人が私の先輩にいます。やはり理学部から崩れて？入ってきた人で、後に日本哲学会の会長になっています。そして東北大学の理事・副学長になった方です。野家啓一[8]さん。

当時の科学史・科学哲学科はそういうふうに変な人間が集まる大学院でした。なので私にとっては大変居心地が良かった。今（2017年現在）教養学部にいる先生だと、野矢茂樹さん[9]が私と同い年です。信原幸弘さん[10]も同い年かな。そういう人たちがいた時代です。理系のバックグラウンドが少しあって（学部ですから大したことはないですけれども少しあって）そして、大学院では哲学のトレーニングを受けるという経験をしたのでした。そういう意味で文転をしたと言ってもいいと思います。ここから「科学とは何か」を考え続ける人になって行ったというのが私の人生です。そして、その延長線上にあのセンター試験の問題が登場するというわけです。

科学技術と社会について考える

科学論とか科学技術社会論と言われる分野があります。今日はこの分野の話をあまりするつもりはありません。ただ少しだけその考え方を紹介したいと思います。

これだけ科学技術が豊かな国で、我々がそれをどう理解しているのかに対してあまり議論をする人はいません。例えば、今この部屋に存在するもので、一切科学技術の加工を受けていないものは何がありますか。ほとんどすべて人工物ですよね。空気だってエアコンで「加工」されています。そういう人工物空間に今いるんだというふうに考えたことはありますか。ここから一言

---

8. 野家 啓一（のえ けいいち、1949-）。哲学者。主な著書に、『科学の解釈学』『物語の哲学』など。
9. 野矢 茂樹（のや しげき、1954-）。哲学者。主な著書に、『心という難問――空間・身体・意味』『新版論理トレーニング』など。
10. 信原 幸弘（のぶはら ゆきひろ、1954-）。哲学者。主な著書に『心の現代哲学』『意識の哲学』など。

も口をきかず、土も踏まずに大阪まで行けます。口をきかなくても全部自動化されているので切符とか手に入る。土を踏まなくてオーケーでしょう？ものすごい人工物空間にいるということです。

　これが地球上のどのぐらいのエリアに実現していて、どのぐらいの時期からこういうことが可能になったかと考えてみてください。たかだか数十年です。地域的にはほんの一部です。そのほんの一部のところで暮らしていることを普通と思うようになってしまうわけです。これって一体何なのだろうということを考える。科学技術社会論では例えばそういう問題の立て方をします。

　もっと具体的な場面で言えば、原子力発電所の事故を考える時は、何が問題だったんだろうと考えなければいけないわけです。今までは大丈夫だと言われてみんな使ってきた。それがあんな事故を起こしてしまう。何が間違っていたんだろうということを考える。あるいは、遺伝子のレベルで様々な編集をしたり、組換えをしたりするような科学技術がどんどん進んでいる。これは本当にわれわれにとって福音なのか。科学技術がどんどん進んでいる時に、それがもたらしている社会的なインパクトはどういうものなのだろうかと考えたりもします。

　ほかにも、今情報化がどんどん進んでいる。あなたの個人情報に関してはしかるべきこういう形でしか利用しませんという一文が付いたようなサイトとか紙とかがいっぱいある。名簿なんかも下手に作って配布するのは良くないという感覚になっているでしょう？　私が子どもの頃は、クラスの生徒の自宅の住所も電話番号も書いた名簿が全員に配られていました。個人情報保護なんて考えはなかった。なぜそれが今こんなに個人情報にピリピリするようになったのか。

　こういう感覚の変容はなぜ生まれたかというと、インターネットが出現したからです。紙しかなかった頃は、名簿が流出しても回収できるし、ある程度コントロールできるとみんな思っているわけです。ところが今は、インターネットの世界に自分の都合の悪い個人情報が一度流れると、なかったことになんてできない。できないという前提で生きなければならない。そうなると人の意識は変わります。できるだけ慎重でいようとします。このように技

術によって人の感覚は明らかに変わるんです。

　ほんの一例ですが、最近だと、それこそAIが持っている意味は何だろうか、といった問題。これは文系の人の議論なのか、理系の人の議論なのかという、問題の立て方自体がもう駄目なんでしょうね。そういう問題が今どんどん増えてきている。そうした背景があって、科学技術社会論という分野がアメリカやヨーロッパでも生まれてきたし、日本でも生まれてきています。日本では科学技術社会論の学会がなかった。でも、こういう問題を考えなければいけないと思っている人たちが何人かいた。じゃあ学会をつくろうということで、つくって初代の会長になったのが私です[11]。人のやらないことをやりたがるという私の難儀な性格は、こうしたことにも表れているのかもしれません。

母語を大切にしよう

　私は生まれたのは京都で、大学まで京都にいて、その後大学院のために東京に行って、その後福岡に飛びまして、さらに福岡から名古屋に飛びまして、その間にロンドンに行きまして、また名古屋に戻って、今大阪にいるというふうにあちこち動き回ってきました。このメリットは何かというと、海外留学のメリットと同じです。自分の当たり前が所が変わると当たり前ではないことを皮膚感覚で感じることです。ひとり暮らしをすることや、違うところで暮らすことはすごく大事だなと今になって思います。

　京都から東京に来た時もカルチャーショックは受けましたが、でも23歳ぐらいだったので、関東風にしゃべろうとはあまり思わなかった。今も母語を大事にしています。私は、母語、つまり自分が生まれ育った地域の言葉やカルチャーはもっと尊重されるべきだと思っています。例えば、アメリカの映画を見ていると、日本が表現される時になぜか中国と区別がつかないような表現をされたり、音楽がやたらとドラが鳴るような感じになったりして、それは違うだろうというふうに思うことがありますね。あるいは出てくる日

---

11. 科学技術社会論学会2001年設立。

本人がみんななぜかステレオタイプな描かれ方をしていると感じることってあるでしょう？あれはアメリカあるいは西洋から見た時の日本のイメージの表れであり、中国と日本のイメージはかなり接近してとらえられているわけです。このようなステレオタイプなイメージの流布は、日本の中でもあるのではないかと思います。

例えば、フォーマルなきちんとした場面で話をする時は標準語で話さなければいけないという雰囲気があります。他方でその地域固有の言葉を方言と言い、それを「心がこもっている」とか、「味わいがある」とか、「ぬくもりがある、温かい」という形で持ち上げるような言い方がされることがありますね。けれども、それは同時に、方言はきちんとしたフォーマルな内容のある言葉を語るのはふさわしくないと言っているのとほぼ同じと聞こえる。そんなことはないだろうとは思わないんでしょうね。明治時代に日本は標準語というもので全国を統一していくわけです。理由もあった。だから、標準語を使ってはいけないとは思いませんが、やはり母語はもっと尊重されるべきです。

言葉というものが持っている力は、思っている以上に強いわけです。その言葉を奪われるということは、非常に重いものだということは考えた方がいい。これはテレビで見た話ですが、台湾は昔日本の植民地だった。台湾大学というのは日本の作った旧帝国大学でエリート養成をしていました。そこで学んだ台湾の人は、知的なコンテンツを日本語で学んでいます。その方たちは今相当の高齢になっています。そうした方たちがドキュメンタリー番組の中で、政治とか経済、思想とか、複雑な話をしようとすると、日本語でないとできないんだよねと言っていました。そういう抽象的なコンセプトとか議論は、日本語で与えられ、それを使って頭が動くのでしょうね。だから生活のところは中国語でしゃべっているのだけれども、堅い話になると日本語でないとできないんだということをその人が言っているのを見て、言葉を奪われるとはこういうことなのかと思いました。

英語で何を話すのか

　私は母語がすごく大事だと思うし、それぞれの地域で生まれ育った言語というのはそう簡単に捨ててはいけないと思っている。日本語だってそうです。英語というのを皆さん今どう考えていますか。英語は得意ですか。しゃべれるようになりましたか。私はイギリスで暮らしていたこともあって、その時に英語というのはどういうものかだいぶ考えさせられました。

　私の専門の科学哲学を1年半イギリスに滞在して学んでいました。東大では英語の文献を読むトレーニングを受けていたので、イギリスの哲学者の名前も知っているし、その人の論文も読んでいました。イギリスに行くと各地でセミナーが開かれていて、あの論文を書いた人はこんな顔をしているのかと思いながら見ていた。

　1年ほど暮らしていると、せっかく日本から来たのだから君も何かしゃべれと言われました。そこで困った。私は西洋人の書いた科学哲学の論文をたくさん読んでいたので、議論を組み立てようとすると、そういった論文で事例として出てきている西洋の科学の事例を使うことになってしまいます。まったく科学技術のない国から来た留学生が西洋の事例を使ってしゃべるのであれば、向こうもまあ仕方ないなと思うでしょう。でも彼らから見たら日本は科学技術大国です。西洋の事例なんか要らん、君たちの国の事例で話してほしいと、向こうは当然思っているわけです。その時にハタと気付く。何もない。ほとんどない。語るべき内容がと。それは結構ショックでした。だから、帰ってきてからは、日本の科学技術とか、日本の理系の人とちゃんと話をしたりして、その問題を自分の頭で考えるということを一所懸命するように変わりました。放っておくと、どうしても西洋の議論をそのまま受け入れたコピーのような話になってしまいます。

知的な日本語を生み出す主体になろう

　皆さんも将来は英語でディスカッションできるようになりたいですよね。

そうなってくれないと困ります。なってください。でも同時に、皆さんには日本語でも考える人でいてほしい。湯川秀樹は多分日本語で考えていた。夏目漱石も日本語で考えていた。もし日本の知的な人々が知的なコンテンツを英語で考えるようになっていったら、「知的な話を考えようと思うと英語じゃないとうまく言えないんですよね」というエリートが日本の中で増えたら、何が起こるか。方言はニュアンスがあって温かくて素敵な言葉ですよねと言っているけれども、本当に大事なことを語る時は標準語でないとできないというのと同じ構造が、もっとグローバルな形で起こってしまう。これを「現地語化する」と呼びましょう。知的なコンテンツのある文章が日本語から消える。すると、日本語が現地語化してしまう。これが英語を扱う時のこれからの日本の課題だと私は思います。

　皆さんには絶対に英語をちゃんとできるようになってもらいたい。しかし、同時に知的なコンテンツを日本語で生み出す主体でもあってほしい。その両方をやるというのはなかなか大変なことです。にもかかわらず、今そういう形の問題の立て方をしている人が少なすぎる。政府関係のところで日本の英語教育の議論が進んでいますが、そこには政治家や企業の人たちがかなり多数参加しています。でも「中学高校大学で英語を習ったはずなのに、英語ができなくて外国に行ったらとても困る。日本の教育がおかしいんだ。何とかせい」という怨念から議論をしているように思える。本当に日本に必要で育成すべき英語の能力がどのようなものであり、それを備えた人間は何人ぐらい必要かということをちゃんと考えるべきです。そういうところから理屈をこね上げるような能力はこれからも問われる。何となく流行の議論に乗っかろうというのは駄目なんです。問題を立てる時にそういうレベルに常に立ち戻ることが、実は大事ではないかということが今日言いたいことのひとつです。

文系 vs. 理系は日本だけ？

　さて、これまで「文系」「理系」という言葉を使ってきましたが、この文理という二分法も実はやっかいな問題をはらんでいます。もともと、文系・

理系という言葉は旧制高等学校で文科と理科に分けたのがルーツです。よく文系・理系という分断は日本独特であるとか、西洋では言わないとか、そういうことを言う人たちがいます。文理で分けようとする傾向が日本ではまだ著しく強いので、そういう意味では半分正しいのだけれども、歴史的に見れば、文系・理系とを分けた議論は西洋にもあったということは知っておいてもらいたいと思います。例えばパスカルの「繊細の精神」と「幾何学の精神」という言葉遣いで出てくるようなものです。それから、Ｃ・Ｐ・スノーの『二つの文化と科学革命』[12] は、まさに文系・理系の分断の話です。

パスカルの「繊細の精神」と「幾何学の精神」

パスカルの原理という流体静力学における基本原理があります。「密閉容器中の流体は、その容器の形に関係なく、ある一点に受けた単位面積あたりの圧力をそのままの強さで、流体のほかのすべての部分に伝える」というものです。このパスカルの原理と、「人間は考える葦である」と言った哲学者パスカルは同一人物です。

他にも、パスカルの賭けという議論があります。神様は存在する、神様は存在しないというのが横に書いてあります。縦は神の存在を信じると神の存在を信じないと書きます。あなたは神の存在を信じますか、それとも信じませんかという問いに対して、どの対応が合理的かということをパスカルは考えました。

パスカルの賭け

		神様	
		存在する	存在しない
神の存在を	信じる	天国	変化なし
	信じない	あら？	まあな

---

12. スノー, C. P. (1960)『二つの文化と科学革命』、みすず書房。1959 年の講演とその後の補遺を加えた原書の出版は 1963 年。

神の存在を信じるという生き方をしたとする。死んでみたら、待ってたよというふうに神様がいた。ああ、良かった。神様の存在を信じて生きていて、死んでみたら神様はいなかった。ちょっと残念。変化なしと。では神の存在を信じずに生きていって、死んでみたら神様がいた場合はどうか。「あら？どうも」と、少しまずい感じになる。信じてなくて死んで、やっぱりいなかった場合は「まあな」と。こちらは変化なし。どちらの生き方が合理的か、それは神の存在を信じるという生き方である、という考え方をパスカルはしています。どちらのスタンスを取るのが合理的か、これは確率論では期待値と言います。そのベースになる話です。念のために付け加えておきますが、本当に神様がいるかどうかの議論をしているのではありません。

パスカルは、文系的なセンスと理系的なセンスを「繊細の精神」と「幾何学の精神」というように表現し、彼自身はその両方を持ち合わせていたけれども、この２つの精神は簡単には一致しないというようなことを言っています。

スノーの『二つの文化と科学革命』

スノーの『二つの文化と科学革命』は1959年、イギリスで物議を醸した有名な論争です。Ｃ・Ｐ・スノーは物理学を学んだ評論家、小説家ですが、イギリスには２つの文化が存在しているとして、〈文学者〉と〈物理学者〉という２つのタイプで議論をしています。この議論の背景にあるのは、オックスフォード大学やケンブリッジ大学のような伝統的なイギリスの大学の存在です。そうした伝統校ではジェントルマンをつくるという意味で、文系の教養人をつくるというスタイルが基本形でした。この文系の教養人のシンボルとして〈文学者〉が挙げられています。ところが18世紀の終わりから19世紀になるとサイエンスや技術が非常に大事な営みになった。それらを学んでいる人々のシンボルとして〈物理学者〉を置いているわけです。

〈物理学者〉というのはある意味で楽天主義でタフで、善良で同胞のために断固として戦うという精神を持って、世界を改良していく、進歩させていくという活動にコミットするタイプの人々です。技術開発をして、非合理な

ものを打ち破り、改良していく。ところが、〈文学者〉はそういうものをまったく理解できずに、科学や技術は野蛮であるとか、そういうことばかり言っている。それはいかがなものか。こんなことをしているとイギリスは衰退してしまう。そんな危機感を持って〈文学者〉を批判する本がスノーの『二つの文化と科学革命』です。今ふうに言えば、まさに文系批判です。

日本の文系不要論を考える

スノーの議論と類似したことを、日本ではいまだにやっています。これが文系不要論と言われている議論です。そのきっかけになった文科省の文章があります。

「特に教員養成系学部・大学院、人文社会科学系学部・大学院については、18歳人口の減少や人材需要、教育研究水準の確保、国立大学としての役割等を踏まえた組織見直し計画を策定し、組織の廃止や社会的要請の高い分野への転換に積極的に取り組むよう努めることとする」。
　　　（国立大学法人等の組織及び業務全般の見直しについて、平成27年6月8日文科高第269号文部科学大臣通知、文部科学省）

以上が文系不要論として燃え上がった時の根拠の文章で、文部科学大臣の名前で出された公式文書の一節です。

普通に読めば文系は要らんと言っているように聞こえますよね。その後、文科省は「そういう意味ではない」と必死で火消しに走りました。でも、この文章を読んで燃え上がってしまった気持ちは分からんわけではない。確かにこの文章はミスリーディングだと私も思います。この文章が出されたもともとの背景には、18歳人口がどんどん減っていく中での日本の教員養成系学部の問題がありました。ただ、「教員養成系学部・大学院」の次に文系一般を表す「人文社会科学系学部・大学院」という言葉が続いているので、それは何だ？ と燃え上がってしまったのです。

実はこの文章の少し後に、「くわえて、学部大学院それぞれにおける教養

教育について、そのポリシーを明確にし、さらなる充実に努めることとする」という文章もあります。つまり、教養が大事だとも書かれているのです。それも学部だけじゃなくて、大学院でも教養教育をやれというメッセージを文科省は出している。日本の文系大学人の人々は、この部分をまったく無視して、上の部分だけでけしからんという議論をしたということになります。

　しかしながら、ことの経緯はどうあれ、多くの国立大学が文系学部縮小や再編の方向性での改組に走っていっています。ですから、文系の冬の時代が来ているのは事実です。しかし、他方で理系の人に教養教育を与えるべきだという声が最近強まってきているのも事実です。ちょうど今押し合いへし合いのような状況になっていると思います。

理系に女子が少ないのは問題か？

　文系理系という問題について今日はあまり踏み込んで触れるつもりはありませんが、理系は今人気です。特に女子は、産業界から引く手あまたです。センスの良い産業界は、理系の女子をください、もっとつくってくださいと大学に言ってきます。東大の数字は知りませんが、大阪大学の工学部の男女比は今、9対1です。理学部で8対2ぐらい。そのぐらい男子に偏っている。これは良くない。

　工学というのは、自然科学と人文社会科学を活用しながら、社会にとって有用なものをつくり出していく学問です。理学とは異なり、単純に真実の追究を目指すのではなくて、社会にとって有用なものをつくるという方向付けがある学問です。そういう学問の人間が男ばかりであるというのは、社会の側の比率とあまりにアンバランスになってしまう。それに、今の日本の工学部に来る男子学生の多くが、私立の6年制男子校の出身です。だから工学部に入っても周りは男ばかり。女性との自然な出会いがないとお嘆きなのです。気持ちは分かります。では、どういうのが自然な出会いですかとその男子学生に聞いてみました。すると「電車の駅のところですれ違いざまにハンカチを落とした」と（笑）。さすがにないですよね。でも、そういう感覚の学生がいるわけです。

私が「工学の男女の比率がこれではおかしくて、半々ぐらいになるのが本当は望ましいんだよね」と言うと、工学部の学生から真顔で「どうしてですか」と聞かれたことがある。「社会は、男性と女性と半々ぐらいいて、君たちがつくり出したもののメリットを享受する人々はそういう人たちでしょう？　じゃあ、つくる側のところで、そういうふうなユーザーの感覚が普通に入るようにしておかないとまずいと思いませんか」と聞いたら、「ああ、そういうふうに考えるんですか」となってしまう。逆に言うと、実験とか研究で習っているものを、ただひらすら追究していく方向にしか頭を使っていなくて、それが社会にとってどんな意味を持っているかということを考える癖がない。これは、私は広い意味で教養に関係してくると思っています。

これからの時代の教養について

　昔、日本学術会議[13]で、教養というのはどういうアウトカム、つまり、どういうことができるようになったら大学で教養を涵養したことになるのかを議論したことがあります。その時、3つのポイントを書きました。

　ひとつは、自分が専門でやっていることを専門ではない人に分かりやすく説明できること。同じ専門の人同士なら話の分かりは早いですが、そうではない人に自分の専門がどういうものかをきちんと説明するのは結構難しい。これがまずひとつめの条件。当面は自分が専門としていることを深く学ばなければいけない。でも、学んだことを本当に自分がちゃんと理解できているかを試す1番良いリトマス試験紙は、専門ではない人に自分がやっているのはこういうことなんだと説明できることです。それができるようになったら、その専門というのは自分に身に付いてきたことになる。だから、皆さんも、例えばおばあちゃんとかおじいちゃんとか、専門ではない人に自分の専門としている分野をちゃんと説明できるようになるかやってみてください。

---

13. 内閣府の特別の機関のひとつ。日本の科学者の内外に対する代表機関として、科学の向上発達を図り、行政、産業及び国民生活に科学を反映浸透させることを目的としている日本の国立アカデミー。

これはすごく大事です。

　もうひとつは、自分の専門が社会にとってどんな意味があるかを考えられること。〈役に立つ〉かじゃなくて〈意味がある〉か。確かにお金もうけとか、プロダクトをつくるとか、人を助けるといった、分かりやすい意味での〈役に立つ〉もあるけれども、それ以外の意味というのが学問には当然あるわけです。だからこそ、自分がやっている専門が社会にとってどんな意味があるのかを考えることが必要。医学だったら分かりやすい。工学も比較的分かりやすい。苦しくなってくるのは理学、文学系です。でも、逃げずにそこはちゃんと考えてもらいたい。そしてもうひとつは、自分の専門が持っている頭の使い方の癖、あるいは限界といったものが語れること。大学で身に付けるべき教養では、この3つがポイントになるのではないかと私は思っています。

学問の価値をどう語るのか

　前にも触れたように、私は大学の学部は理学部でした。理学部というのは、基本的な発想を真理の追究に置いています。真理の追究のためにこんな面白いことをやらせてもらって、税金を使って良い環境で研究をさせてもらっている。これがどうして許されているのかということを、学部生の頃同級生と議論したことがあります。

　当時延々と議論をしてたどり着いた答えは、アッと驚くほど単純です。真理の追究型のサイエンスをずっとやっていくことを税金で支えてもらっている。それがどうして正当化されるのか。例えば、経済学部なら、社会にとっての意味は語りやすい（はず）。法学部もそうだ。農学や工学も社会的な意義を語りやすい。では、理学部とか文学部はどうか。

　私たちがたどり着いた答えは何でしょうか。将来ベンチャーにつながるような話ではない。サルを追いかけている。アリの生態とか調べる。そういうのをどうして税金を使ってやることが許されるのか。国家財政の危機の時に。

（学生）「人類全体がそれに興味を持っているから？」

本当に持っている（笑）？　でもその辺がポイントですね。「将来何か絶対金儲けにつながるんです。何十年後か何百年後か分かりませんけど」という言い方のほうが不健全ですよ。だって詐欺みたいなものでしょう？そんな言い方で純粋な真理追究の議論を正当化するのは難しい。

　たどり着いたのは簡単です。エンターテインメント。知的エンターテインメント。正直、我々はその時そう言い切りました。何かの役に立つとかそういうさもしいことを言っても、それはインチキだろうと。その辺は18歳の純真さですね。でも、今この年齢になっても、そう間違っていないのかもしれないと感じています。必ず何かの役に立ちますというものだけでは、世の中できていない。金儲けの役立つというのではなくて、先ほど彼（学生）が「みんなが関心を持てれば」と言いましたが、宇宙探査とか、ああいうものが人々を興奮させるのは、知的な好奇心を満足させるという側面があるわけです。知的エンターテインメントとして高級なものを生み出すというのは、フェイクニュースで儲けるよりもずっと大事なことです。そういう「価値」があるということを言わないと、社会にサポートしてもらえない。理学だけではなく、これは文学も同じような構造になるわけです。

人文学という学問の意味

　評論家の大宅映子さんが文学部のやっている学問というものについて、こんな言い方をしました。「死ぬと分かっていてなぜ人は生きていけるのか。その根源的な理由を考えるのが、文学部というところ」[14]。今までの歴史上、ほぼ絶対確実に人というのは死ぬ。にもかかわらず人はまっとうに生きようとする。その理由を考える学問が人文学だろう、という言い方です。人は日々の生活において24時間そういうことばかりを考えていたらとても生きていられない。けれども、そういう問題からは逃れられない。だからこそ、それを専業で考えてくれる人には敬意を表すべきだろうという考え方です。

---

14. 鷲田 清一「折々のことば」、2015年12月21日、朝日新聞。

劇作家の平田オリザ[15]という人がいます。彼は今、大阪大学の教員でもあります。彼は面白くて、理学、工学、医学、文学の学生を一緒にして演劇をやらせながら授業をする。それが阪大の大学院教育の売りのひとつになっています。彼もまた、人が生きる上で悩まなくてはいけない事柄とか、苦難にぶちあたった時どういうふうにすればいいかを考える。その時にこそ、演劇や文学が役に立つというふうに言っています。

2017年に同じような言葉が話題になりました。大阪大学文学部の金水[16]学部長の言葉です。苦難にぶつかって人生の岐路に出会った時に悩む。そして、悩んでいる時には、少なくともその問題を自分の問題として一歩引いたところから対象化して眺めている。そういうことを可能にする知的営みとして文学というのがあると。だから平常時においてはそれほど意味もないかもしれないが、苦難にある時には役に立つ。その〈役に立つ〉は、ベンチャーができるというような経済的価値を生むとか、イノベーションが起こるとか、そういうやつではない。けれども、人が生きていく上では必要でしょうという言い方を彼はしています[17]。

そういう意味でも、たとえどんな分野であってもこれから皆さんがやっていく専門が社会にとってどんな意味があるのかというのは考え続けてもらいたいと思います。今我々の社会は「貧すれば鈍す」の典型であって、金儲けにつながるようなことが大学から生まれてこないといかんというプレッシャーが強すぎます。そのようなことを大学もやるべきだというのは半面真理ですが、それに全部塗り込められてしまっては、大学ではなくなってしまいます。文系の意味というものを真剣に考えることは、文系を志す人ならば必ずやってもらいたいと思います。

---

15. 平田 オリザ（ひらた おりざ、1962-）。劇団「青年団」主宰、こまばアゴラ劇場支配人。戯曲の代表作に『東京ノート』『ソウル市民』三部作など。
16. 金水 敏（きんすい さとし、1956-）日本語学者。大阪大学文学部教授。主な著書に『ヴァーチャル日本語 役割語の謎』『日本語存在表現の歴史』など。
17. 全文はこちらで読むことができる。http://skinsui.cocolog-nifty.com/skinsuis_blog/2017/03/post-ccef.html （2019年1月15日閲覧）

自分の思考の癖、限界を知る――高度教養教育の試み

　社会常識のない理系と科学常識のない文系。一般的にそう言われます。大学1年生の皆さんは文系の人もセンター試験で解いたような理系の知識が若干残っていると思います。しかし予言します。このままどんどん消えていきます。間違いない。理系の諸君も地理や歴史の知識がまだ残っているでしょう。しかし、徐々に薄れていきます。これは仕方がないです。

　人間の知識というのは使っていないと忘れます。自転車を乗る能力は少し違います。自転車に乗る能力は子どもの時にいったん身に付けますと、そう簡単に消えない。ところが学校の教科書で覚えた知識は、使い続けないとどんどん薄れていくものです。そういうもんです。だから、大学の教育の中でそういうものを使ったり、必要とされたりする場面がなければ、理系の人が高校までの社会科学的な知識をどんどん失っていくのは当たり前です。逆に文系の人が科学と疎遠になり、理科的知識がどんどん薄れていくのも必然です。しかし、この必然をどうするかというのはやはり考えなければいけません。

　先ほど文部科学省が、学部とか大学院の教養教育が大事だと言っていました。私も文系と理系の壁を取っ払ったような形で同じような問題を議論するような場をつくるとか、そういうことをやらなければいけないと思っています。実際、大阪大学で私は、どの研究科、どの学部の専門性によっても圧倒的に有利にならないような社会的課題をひとつ設定して、いろいろな学部の学生を集めて議論をする授業をつくりました。それはすごく面白いものになりました。

　例えば、狂牛病（BSE）問題。かつてアメリカにも狂牛病が出現しました。日本はすぐにアメリカからの牛肉の輸入を止めました。全国チェーン店から牛丼がなくなると大騒ぎになった時代があります。その時に私たちが出したお題は、「どういう条件がそろえばアメリカの牛肉の輸入再開が可能になるか」というものでした。すると、例えば理学部の学生は、狂牛病の原因となるプリオンという物質の検出をするウエスタンブロット法という科学的な検出手法があるのですが、その精度がそもそもという議論から話を始めました。

法学部の政治学系の学生は、日米の外交関係と政治関係という切り口から語り始めます。これは政府が責任を持ってこの問題を解決する外交問題だと。すると文学部の哲学科の学生が、そういう場面で言う「責任」という概念は一体どういう概念なのかと議論を検討し始めます。

つまり、同じ問題を見た時に、それぞれがアプローチするルートが全然違うことに初めてお互いが気付くという経験をさせたわけです。そうすると、学んできた専門分野によって、自らの思考にある種の「クセ」のようなものが付き始めているということに気付きます。クセが付くということは悪いことではない。それが専門家になっていくということなのです。ただ、自分はその種の癖を持っていて、自分には見えない別の登山ルートも世の中に存在するということに気付かなくなるのはまずい。違う専門性を尊重する感覚みたいなものをどうやって涵養するかというのは、非常に大事な問題です。

君たちが出る社会は、どっちの社会か

同じく高度教養教育の試みとして、別のテーマでも議論したことがあります。例えば、高レベル放射性廃棄物についてです。原子力発電所から出た燃料のごみが40年分以上日本にたまっています。これをどうするかというのは、今まだ答えがなくてみんな困っています。工学部の学生20人で議論してもらいました。すると2時間で意見が集約されました。同じ議論を、工学と理学と文学と法学と経済と……、というふうに異分野混成でやりました。1週間やっても答えが出ません。そこで工学部の学生さんに問いかけました。「君が出ていく社会は、どっちの社会ですか」と。「工学部の学生同士で議論をするとさっと意見が集約するのは、工学部の人間は頭が良くて合理的だからだと考える？　そうじゃないだろう？　同じベクトルの思考をする人間が集まって議論しただけだ。世の中は工学部出身者しかいない社会ではない、多様なベクトルを持った人間が生きている。その中で君が工学の感覚をどういうふうに生かすかということを考えないといけない」という話をする。するとその工学部の学生は、なるほどねと。

授業を受けたある学生が面白い話をしていました。工学部のトレーニング

を受けると、例えばこの椅子の構造上の強さとか、材質とかばかり考えるようになります。けれどもこの授業を受けて、この椅子に誰が座る、どんな場面で座るのかということまで考えるような発想に変わりましたと。私が学生に気付いてほしかったのはそういうことです。小さなことです。けれども、同質の専門分野だけで議論しているとそれが見えなくなる。その分、効率は良くなる。専門というものの難しさはそこにあります。

深い専門とにじみ出る教養を身に付けよう

　皆さんがこれから大学で取り組んでいくのは専門の深掘りです。その深掘りしていく際の頭の使い方と、教養と呼ばれるような自分の持っている思考の癖をメタ的に考えるといった頭の使い方は異なります。これらをどうバランスさせるのかがとても大切なことだということは、専門を深めていく中でも忘れずにいて欲しいと思います。
　昔、世阿弥という能を大成した人の有名な言葉に、「離見の見」というものがあります（『花鏡』）。1番優れた役者というのは、演じている最中に、その演じている自分の姿をもうひとつの目で眺めている。そのような境地に達した時に、これが1番優れた芸の境地なのだというようなことを世阿弥は書き残しています。そこで彼が言おうとしていることは、多分今私が言ってきたようなことと関係しているかもしれません。自分が夢中になってやること、深掘りしなくてはいけないこと、学ばなければいけないことがあります。だけど、同時にそれをもう少し冷めた目で眺めるような感覚、この両方のバランスをとることが、おそらく教養を身に付けることなのだろうと思います。
　世の中には物知りの教養というものがあります。これを「ひけらかす教養」と言いましょう。それに対して、今言っているような教養は、「にじみ出る教養」とでも言うべきなのかもしれません。それを身に付けるのはすごく難しい。けれども、それは一生を通じて自分が何を問題と考え、そしてそれに向かって突き進みながら、もうひとつの目で自分を眺めるという経験を繰り返す中で身に付けるしかないものだろうと思います。そして、今も私自身その途上にいると信じたいと思います。

編集後記に代えて──

教養学部生のためのキャリア教室で　　私たちが伝えたかったこと

複雑で不確実性の高い時代をどう生き抜くか。知識やスキルだけでなく、高い視座と柔軟性を持って、自らのキャリアを主体的につくりだしていってほしい。そんな思いのもと3年に渡って開講された「教養学部生のためのキャリア教室」。授業に携わった教員たちの思い、3年間の深化の軌跡、今後の展望について3名の編者による座談会の様子をお届けします。
(原稿＝原宿春夏／岡部聡子、撮影＝奥西淳二)

標葉 靖子（しねは・せいこ）
京都大学大学院生命科学研究科博士課程修了。博士（生命科学）。材料メーカーでナノエレクトロニクスやバイオ素材に関わる新事業開発・研究企画業務に従事した後、大学リサーチ・アドミニストレーターを経て、現在は大学で科学技術系人材育成や科学コミュニケーションに関わる教育・研究を行っている。著書に『教養教育再考』（分担執筆、ナカニシヤ出版、近刊）。本授業担当時は、東京大学教養学部附属教養教育高度化機構社会連携部門特任講師。2018年4月より、東京工業大学環境・社会理工学院イノベーション科学系助教。

岡本 佳子（おかもと・よしこ）
東京大学大学院総合文化研究科博士課程修了。博士（学術）。大学院時代はハンガリー科学アカデミー音楽学研究所に留学し、バルトークの舞台芸術作品を研究。学位取得後、学術団体事務職員として学術雑誌編集や国際会議運営補佐の業務を担当。2016年5月より東京大学教養学部附属教養教育高度化機構社会連携部門特任助教、2018年10月より特任講師として、芸術の実践授業を初めとする社会・民間と連携した教育プログラムの開発・運営を担当している。

中村 優希（なかむら・ゆき）
東京大学大学院理学系研究科博士課程修了。博士（理学）。中学1年でカリフォルニア州へ渡米。2006年12月にカリフォルニア大学バークレー校の化学科を卒業。2012年3月に東京大学大学院理学系研究科の博士課程を修了。学位取得後、ハーバード大学で博士研究員として天然物の新規合成ルートの開発に取り組む。2013年11月より東京大学教養学部附属教養教育高度化機構自然科学教育高度化部門の特任助教に着任し、PEAKの化学実習や有機化学、ならびに一般生向けの全学自由ゼミナールなどの授業を担当する傍ら、固体触媒の研究に従事（詳しくはI章を参照）。

もっと幅広い視点で「どう生きるか」を考えてほしい。
―― 教養学部生のためのキャリア教室が生まれた背景

中村 学生たちの「キャリアを考える」プロセスを見ていて、スタートが遅いことや、自分の希望する専門分野に関連するものベースで視野が狭くなっていることに課題を感じていました。幅広く学び、貪欲に教養を深め、自由に思考していける教養学部ならではの2年間を有効活用できていない印象があったのです。中には、3年時の進学選択で有利になるよう、点数を取りやすい授業を選択するだけというケースも見受けられていて…。

岡本 興味を持ったことを広く学び、深く考えられる「レイト・スペシャリゼーション」の利点がねじ曲がってきている感じですよね。教養学部の2年間は、決して時間的猶予が与えられたわけでも、考えなくてもいい時間が増えたというわけではないのに…。まずは、そこを刺激したかったですね。

中村 そうですね。学生が思っている以上に世の中には、いろいろな仕事がある。しかも、テクノロジーの発達や社会の変化で将来的に今ある職業がどんどんなくなっていく可能性もあれば、新しい仕事が生まれる可能性もある。広い視点で社会を知り、「これからの時代をどう生きるか」を考えてほしいと思いました。

標葉 だから「1、2年生向けのキャリア授業」を開講するにあたっては、文理や男女、産官学問わず様々な人に登壇いただくという「多様性」を軸にしようと考えたんですよね。学生は、大企業はこうとか、理系はこうといったように、実在しないようなイメージを持って視野を狭めてしまっていることがある。そこを打ち破りたかった。

岡本 さらには、等身大の方に登壇いただくというのもこだわった点でした。この教室の開講前に行っていたキャリアの授業で、グローバルリーダー、トップリーダーのお話を伺うというものもあったのですが、学生の全員が全員トップリーダーになるわけではない。そのため、以前の授業の良さも生かしつつ、企業や官公庁といった組織の現場の最前線で

活躍する方に幅広く登壇いただきました。

標葉　トップリーダーの成功物語に刺激を受けるのもいいけれど、現状の自分とに距離を感じてかえって萎縮してしまう学生もいます。そこで、著名なトップリーダーのお話だけでなく、様々なフィールドで活躍される方の姿を、学生時代からの試行錯誤や失敗も含めて少しでも知ってもらえるような授業にしようと考えました。

けもの道だっていい。
——人選に込めたメッセージ

中村　国内外、産官学、多様な場で活躍するゲストスピーカーに登壇していただくために、人選にはこだわりましたよね。標葉さん主導で、教養教育高度化機構の部門を超えた連携が生まれました。

標葉　1部門の教員の人脈だけではどうしても偏りが出てしまいますからね。得意分野が異なる同僚の方々に声をかけているうちに、教養教育高度化機構内の4部門（社会連携部門、自然科学教育高度化部門、アクティブラーニング部門、科学技術インタープリター養成部門）をまたいだ連携になっていました。

中村　あとはゲストの職種だけでなく、年代にもこだわりました。

岡本　30代から40代で、現場の担当だけでなく、管理や責任者としての経験も持つ全体を見渡す視点を持たれた方で…。

中村　なおかつ学生の頃の気持ちも思い出せる人（笑）。当時何に悩み、何に葛藤してきたのか、そこからキャリアの歩みをどう進めてきたのかを振り返っていただくことで、学生にも今の自分と未来の自分とをつないでいくきっかけができると考えました。将来自分はどうなりたいか分からないと悩む学生もいる中、「キャリアは悩み迷いながら築くもの」と肯定し、「考え続け、行動し続けていくことで道ができるもの」と伝わればいいな…と。

標葉　「自分は〇〇になりたい」とゴールを設定してそこに最短距離で到着することだけが正解じゃない。文脈が変わったら設定していたゴールが変わることなんていくらでもありますよね。ある瞬間は失敗や挫折でも、振り返るといい転機になっていることもある。

中村　そのため、ゲストにも迷いや挫折も含めてお話いただくようにお願いしました。

標葉　建築士の金子広明さん（Ⅲ章）が挙げてくださった「悩みのキーワード」は、大学入学から学生時代、そして社会に出てからも多様な悩みがあるということを学生に伝わる言葉で見事に表現してくれていましたよね。

岡本　そもそも私たち編者3人も今に至るまで紆余曲折を経てますからね。アカデミアにずっといたわけでなく、企業で働いたり、また戻ってきたり…。

中村　授業に携わってきた教員の多くが決して王道ではない道を歩んできている気がしますよね。だから、この教室の運営も裏で「けもの道プロジェクト」と呼んでいたくらい（笑）。

標葉　それぞれの「けもの道」経験が、この授業を通して私たちが学生に伝えたいメッセ

ージひとつひとつの基盤になっていますよね。

　たとえば私は、もともと植物の分子生物学を専門としていましたが、様々な事情が重なり、学位取得後は植物科学とはまったく異なる材料科学分野のメーカーの新事業開発や研究企画管理職に就くことを選びました。当時周囲には、アカデミアを離れる私の選択を否定的にとらえる人がほとんどで、私自身もそうした周囲の声に影響されて、自分は「逃げるんだ」と思っていました。ところが、いざ分野もセクターも超えた世界に飛び込んでみると、それまでの私の視野はなんて狭かったんだろうと痛感しました。自分が培ってきた専門をいろんな人との協働の中で生かすことの楽しさを外に出て初めて知ったんです。

　だからこそ「世界は広い」「学位の生かし方は様々だ」と伝えたくて大学に戻ってきました。しかも「文転」して。違う立場や役割を持ったからこそのキャリアの発展だったと思っています。ひとつの専門をずっと希求していくのも素晴らしい。でも、複雑で変化の激しい今の時代、ひとつのことを貫くだけではない生き方だってあっていいんじゃないか。私がキャリア授業を担当するからには、そうしたキャリア観もあるということは伝えたかった。

岡本　柔軟性が大事ですよね。

標葉　あとは、楽天の北川拓也さん（Ⅰ章）が話されていた「自身の弱さ（vulnerability）を受け入れる強さ」も本授業の大切なメッセージのひとつですね。私の場合は博士号を取得したことが「自身の弱さを受け入れる強さ」につながっていると思います。専門としての軸があるからこそ、専門以外の自分の弱さを受け入れる余裕ができました。そして自分の弱さを受け入れられることが、自分にはない強みを持つ他者との協働を楽しめる今の自分を作っていると思います。

東大生の関心と悩みの大きさを実感。
一方で、線引きをしすぎる学生も。
——学生の反応に触れての感想

中村　この授業は、金曜5限の開講だったにも関わらず、毎年100名ほどの学生が受講してくれました。それだけ関心のある学生、悩んでいる学生が多いんだなと気付かされました。通常の授業より発言も多かったですよね。

岡本　ひとりで漠然と悩んでいる学生も、悩んでいいんだ、こういう思いを抱えていていいんだと受け止められて発言できていた印象です。コラムにもある「ジョブスタ」の福山

佑樹さん（Ⅰ章）や東京大学キャリアサポート室（Ⅱ章）の方の協力でワークショップやグループワークを工夫することで、大人数でもアクティブラーニングはできるんだと実感しました。

中村 東大生の素直さも感じましたよね。私も登壇したのですが、文系の学生から「理転してもいいかもと思えるほど、興味が持てた」と声をかけてもらい、視野を広げるきっかけになれたのかな、とうれしかったです。

岡本 「人生観が変わった」といったコメントも素直にうれしかったです。恋愛や結婚など、仕事だけでない等身大の悩みのお話があったのも良かったと思います。本書には収録していませんが、ある女性講師のご講演では、女性活躍推進のお話が興味をひいたのはもちろん、彼氏と離れたくなくて…というリアルな本音に基づくキャリア選択が、特に女子学生に響いていたようでした。

中村 一方で、ゲストのお話をカテゴリー分けして「この話はあの話と同じ」と捉えたり、興味のある分野とそうでない分野を分けてしまったりする学生も一部見受けられました。東大生の多くが物事を整理してカテゴリー分けをする能力にたけていますが、せっかくの機会だからもう少しオープンに聞く姿勢があっても良かったかなと思います。

岡本 自分事と他人事って表裏一体ですからね。

中村 あと、学生からの質問でライフワークバランスについて聞いているのが女子学生だけというのは気になりました。

標葉 プライベートも含めて「キャリア」であることを考えると、男子学生からそうした質問が出てこないことは確かに気になりました。仕事だけでなく、どんな人たちと一緒に人生を歩みたいか、自分は何に価値を置くのかといった点も、キャリアを築いていく上では大切な視点のひとつですし、それは女性だけが考えなければならないことじゃないはずですよね。

中村 日本の女性は「学位を追及すると結婚のチャンスが減ってしまうかもしれない」「家庭は女性が守らねば」など周囲からのピアプレッシャーを感じている人が多い気がします。女性だから，男性だからこうしなければという考え方は変えていかなければならないということを女性だけでなく、男性にもメッセージとして伝えたかったのですが、今一歩だったかもしれません。今後の課題ですね。

たったひとつの肩書では、不確実な世界は生きづらい。違うルールに複数所属していこう。
──編者が考える「これからの時代をどう生きるか」

標葉 授業を通して今思っているのは、これからの社会においてたったひとつの肩書が自分のすべてというのはとてもリスクが高い生き方なのではないかということです。狭い社会のルールがすべてになってしまっては、自分にも他者にも不寛容になってしまう。そん

な生き方はつらい。そうならないためには、あえて違うルールの環境に複数所属することも大切なのではないかと思うんです。安藤康伸さん（I章）や丸幸弘さん（I章）のように思い切っていろんなところに飛び込んでみるとか。

岡本 違う組織に属すること、外に出てみることで、自分とはまったく異なる人と対峙することができる。そうすることで、ステレオタイプを崩し、理解しようと頑張ることができるかもしれないですよね。

標葉 多様性が増す社会になっていくからこそ、理解できないものを安易に否定してしまわないための努力も必要。そのためには、自分が異分子になる経験も大切なのではないかと思います。JICAの小川亮さん（II章）やOECDの村上由美子さん（II章）のように、海外で働くこともひとつの選択肢ですし、国内でも多様性は身近にあるということに気付いてほしい。

中村 学生の「失敗したくない」という思いが強すぎることも、これからの時代を生き抜いていく上での懸念ですね。留年することさえも「傷」だと捉えてしまいがち。もちろん、留年を推奨するわけではありません。若いうちの時間は大切にするべきです。ですが、留年したとしてもその時間を有意義に活用できれば、それが転機につながったりもするのに、その時の結果だけを見て「負け組」と認識してしまう。そこは、登壇者のお話からたくましく歩んでいく姿勢を学び取っていってほしいですね。自分が今いる環境だけが自分の居場所じゃないですから。

岡本 私たちの「けもの道」も参考にしてほしいですね（笑）。

柔軟性と楽観性、そして教養を。
―― 編者が講師陣から受けた刺激

標葉 バラエティに富んだ多くの方に登壇いただき、同じキャリアはひとつもないことを実感しました。それでも共通しているのは、柔軟性があって「なんとかなるよ」という楽観性も持ち合わせていたことだったように思います。

岡本 挫折経験も結果的に転機やチャンスに昇華していることや、真面目な選択だけを繰り返していただけではないのも興味深かったです。エヌビディアの井﨑武士さん（III章）のように「ワクワク」するかどうかで職場を選んだり様々な仕事を経験するというのもひとつの形だと思えました。確かに人はかなり多くの時間を仕事をして過ごしますよね。仕事が「楽しくなかったら人生つまらない」というお話は印象的でした。

標葉 八木田寛之さん（II章）は、高専卒業後に入社され

た三菱重工グループで今も活躍されていますが、大きな転職をされていなくても、関わられてきた業務、国・地域が非常に多岐に渡っていましたよね。また社会人院生として大学院に入学されるなど、そのバイタリティ溢れる人柄もとても魅力的で、「日本の大企業のサラリーマンはみんな同じだと勝手にイメージしていたことに気付かされた」とコメントしてくれた学生がいたのはうれしかったです。

中村 デザイナーの中村勇吾さん（Ⅲ章）のお話もほかのゲストとはまったく違ったスタイルでインパクトがありましたよね。ご自身がデザインされた作品のお話をずっとされていたところ、最後に怒涛のキャリアトーク。

岡本 自分の「選択」に向き合い、納得し続け、とことん「集中」してやり続けよというメッセージが響きましたね。

中村 公正取引委員会の神田哲也さん（Ⅱ章）のお話も、「まだ誰もやったことのないことをやろう」という学生へのメッセージが印象に残りました。官僚というと型にはまったイメージでしたが、考え方が非常にスマートで。社会の基盤をつくるとはこういうことか、との驚きと気付きもありました。学生たちも官僚に対するステレオタイプが崩されたのではないでしょうか。

標葉 大阪大学の小林傳司先生（Ⅳ章）の「教養」のお話も印象的でした。やはり教養学部のキャリア教育ですから教養の大切さはきちんと学生に伝えたい。でも教養とは何かというのは、実はとても難しい問いなんですよね。小林先生は、身近な多様性に気付き敬意を払うことが「にじみ出る教養」につながるということを、「自分を俯瞰してみる」という世阿弥の「離見の見」を踏まえながら学生たちに届く言葉で話してくださいました。

岡本 先生のお話をもとに、ほかの講師の方を振り返ると、皆さんその「にじみ出る教養」を感じるんですよね。

標葉 狭い意味での「役に立つ」という概念を破り、直接的なお金儲けにつながらなくても大切にしなければならない価値があるということは、まだ専門が決まっていない教養学部の学生へのとても良いメッセージとなったと思います。視野を広く持つことで、自分や自分の立ち位置を俯瞰できるようになる。それが自分とは異なる他者への敬意につながるんだよと。

キャリアに王道も正解もない。
──編者から読者へのメッセージ

標葉 この授業のメッセージは、何も東大生だけに該当するわけではありません。だから

こそ、書籍化を考えたんですよね。

中村 そうですね。自分の考えと行動次第でいろいろな環境にいけるという可能性も感じてもらえるとうれしいです。また、若い読者だけでなく、そのご両親世代にもご自身が歩んできたこれまでの道だけがすべてではなく、いろんな選択肢があるのだということを感じていただきたいです。

標葉 大学で学んだ自分の専門が、そのまま仕事に直結することはそれほど多くない。大学選択ひとつとっても、今就職がいいからこの大学のこの学部といった選択はあてになりません。興味が変わることもあれば、留年や挫折経験が糧になることもある。登壇者の方を見ていてもそれは明らかです。だからこそ、焦らず、今できることに真摯に向き合ってほしいですね。

岡本 様々なキャリアのバリエーションをご紹介していますが、同時にこれだけがすべてではないということも伝わってほしいです。

標葉 そうですね。つい答えを求めてしまうかもしれないけれど、キャリアに正解はない。悩む時間もあっていいし、悩まなくていいこともある。紆余曲折を経ることが道をつくっていくのだと思います。

中村 悩み紆余曲折することも本質だからこそ、視点を高く、広く学び、自分の興味と向き合い続けることを私もおすすめしたいです。学生であれば、要領良く単位を取るのでなく、学生の今だからこそできる勉学に没頭して教養を身に付け、視野を広げていってほしい。

岡本 こうなるためにこうしなきゃというゴールから逆算したとらわれは、外して考えてほしいですね。可能性を狭めてしまいますから。

中村 山崎繭加さん（Ⅲ章）が「その時その時できることに一生懸命だと次につながる」とお話されていた通りですね。

標葉 そういう意味では、学生の皆さんにはぜひ、「学生時代にやっておくべきことはありますか？」という学生からの質問に、多くの講師の方が「学生時代の勉学を大切に」と答えられていたことにも注目してほしいですね。

　世界の一流と言われるような大学の講義がインターネットで誰でも視聴できる時代に、わざわざ大学という場で学ぶ意味は何か。時間軸も空間軸も超えて、先人の思考の積み重ねにより体系化された知識を学べること、一緒に学べる仲間がいること、高い専門性を持った教員の時間を奪えること、これらはまさに学生の特権だと私は思います。それがキャリアを構築し、人生を切り拓いていく基盤になるし、他者に敬意を払い協働していくことを可能にする「にじみ出る教養」を形づくっていくのではないでしょうか。これからの時代をどう生きるか。学生の皆さんにはぜひ学生の特権を生かして貪欲に学び、自らのキャリアを築いていってほしいと思います。

謝辞

　本書は、東京大学教養学部附属教養教育高度化機構が 2015 ～ 2017 年度に開講した学部 1、2 年生向け授業「教養学部生のためのキャリア教室 1：これからの時代をどう生きるか」をもとにつくられました。当授業は、教養教育高度化機構社会連携部門を中心とした、自然科学教育高度化部門、アクティブラーニング部門、科学技術インタープリター養成部門の 4 部門連携プロジェクトとして実施されました。

　当授業の企画・運営にあたり、4 部門にまたがるプロジェクトメンバー[※]それぞれの幅広い経験・人脈を生かせたことが、当授業の目指す「多様なキャリア観の提示」の実現につながりました。本書には収録されていませんが、当授業にご登壇くださった講師の方々、また東京大学キャリアサポート室の皆さまには大変お世話になりました。講義に参加し活発に議論してくれた学生、ティーチングアシスタントからの意見も大変参考になりました。この場を借りて厚くお礼申し上げます。また本書の企画の段階から様々な意見をよせてくださった東京大学出版会の薄志保さん、後藤健介さんにもお礼申し上げます。

　最後に、本書をまとめるにあたり、ご協力いただいた講師の皆さまに改めて感謝申し上げます。

2019 年 2 月　標葉 靖子・岡本 佳子・中村 優希

※プロジェクトメンバー（所属は当時）
東京大学教養学部附属教養教育高度化機構
〈社会連携部門〉
　標葉 靖子（2015 ～ 2017 年度）
　岡本 佳子（2016 年度～）
　加藤 俊英（2015 年度）

〈自然科学教育高度化部門〉
　　中村 優希（2015 年度〜）
　　鹿島 勲（2015 年度〜）
　　堀 まゆみ（2017 年度〜）

〈アクティブラーニング部門〉
　　福山 佑樹（2015 〜 2017 年度）

〈科学技術インタープリター養成部門〉
　　定松 淳（2015 〜 2016 年度）
　　江間 有沙（2015 〜 2017 年度）
　　見上 公一（2017 年度）

編者紹介（詳細は 219 ページ参照）

標葉靖子　東京工業大学環境・社会理工学院イノベーション科学系助教
岡本佳子　東京大学教養学部附属教養教育高度化機構社会連携部門特任講師
中村優希　東京大学教養学部附属教養教育高度化機構自然科学教育高度化部門
　　　　　特任助教

東大キャリア教室で1年生に伝えている大切なこと
――変化を生きる13の流儀

2019 年 3 月 15 日　初　版

［検印廃止］

編　　者　標葉靖子・岡本佳子・中村優希
発 行 所　一般財団法人　東京大学出版会
代 表 者　吉見俊哉
　　　　　153-0041　東京都目黒区駒場4-5-29
　　　　　http://www.utp.or.jp/
　　　　　電話 03-6407-1069　Fax 03-6407-1991
　　　　　振替 00160-6-59964

組　　版　有限会社プログレス
印 刷 所　株式会社ヒライ
製 本 所　誠製本株式会社

©2019 Seiko Shineha, et al., Editors
ISBN 978-4-13-053091-0　Printed in Japan

〈出版者著作権管理機構　委託出版物〉
本書の無断複製は著作権法上での例外を除き禁じられています。複製される場合は，そのつど事前に，出版者著作権管理機構（電話 03-5244-5088,FAX 03-5244-5089, e-mail: info@jcopy.or.jp）の許諾を得てください．

石井洋二郎・藤垣裕子
大人になるためのリベラルアーツ　　A5 判・320 頁・2900 円
思考演習 12 題

石井洋二郎・藤垣裕子
続・大人になるためのリベラルアーツ　　A5 判・298 頁・2900 円
思考演習 12 題

江川雅子＋東京大学教養学部教養教育高度化機構 編
世界で働くプロフェッショナルが語る　　A5 判・242 頁・2400 円
東大のグローバル人材講義

中原　淳
職場学習論　　A5 判・192 頁・2800 円
仕事の学びを科学する

東京大学出版会『UP』編集部 編
東大教師が新入生にすすめる本 2009-2015　　B6 判・272 頁・1800 円

白波瀬佐和子 編
東大塾　これからの日本の人口と社会　　A5 判・304 頁・2800 円

東京大学教養学部 編
高校生のための東大授業ライブ 学問への招待　　A5 判・256 頁・1800 円

ここに表示された価格は本体価格です．ご購入の際には消費税が加算されますのでご了承ください．